야근은
하기 싫은데
일은
잘하고 싶다

ZETTAI NI MISS WO SHINAI HITO NO NOU NO SHUUKAN

Copyright © 2017 Zion KABASAWA

Original Japanese edition published in Japan by SB Creative Corp.

Korean translation rights arranged with SB Creative Corp.

through Imprima Korea Agency.

Korean translation copyright © 2018 by Health Chosun co., Ltd.

야근은
하기 싫은데
일은
잘하고 싶다

가바사와 시온 지음 | 이정미 옮김

북클라우드

일의 산에서
야근을 걱정하는 그대에게

야근의 주범은
뇌의 실수

× "일을 끝내지 못해서 오늘도 야근이야."

× "서류를 작성할 때마다 자잘한 실수 때문에 자주 지적을 받아."

× "중요한 미팅이 있었는데 깜박하는 바람에 단골 거래처와 사이가
나빠졌어."

× "하루 종일 작성한 문서를 다른 파일과 착각해서 지워버렸어."

누구나 일을 하다 보면 실수를 한다. 지금까지 단 한 번도 실수한 적이 없다고 말하는 사람은 아마 없을 것이다.

하지만 매일같이 많은 업무에 시달리면서도 실수를 거의 하지 않는 사람이 있는가 하면 일처리가 더딘 데다 실수투성이인 사람도 있다.

두 사람의 차이는 어디에 있을까?

업무에 실수가 많아지면 '난 정말 구제 불능인가 봐' 하고 우울해하는 사람이 적지 않다. 작은 실수 때문에 회사에서 평가가 나빠지거나 신뢰를 잃어 자신을 책망하는 사람도 있다.

그런 사람들에게 꼭 해주고 싶은 말이 있다.

모든 실수는 정보 처리에 관여하는 뇌의 구조적 문제에서 비롯된 것이지 당신의 무능력함과는 상관이 없다.

정신과 의사인 내가
실수에 관한 책을 쓴 이유

물론 작은 실수 정도는 누구나 하는 거라고 생각하며, 자잘한 실수 하나하나에 신경 쓰고 살기는 너무 바쁘다고 항변하는 독자도 있을 것이다. 하지만 그런 사람들조차 바쁜 업무에서 자잘한 실수들 때문에 시간을 허비한 경험은 있을 것이다. 피로가 쌓여 일의 진도가 나가지 않는다거나, 좀처럼 일에 집중이 안 돼 인터넷을 하다가 한두 시간을 날리는 경험 역시 비일비재할 것이다.

실수를 비롯해 집중력이 떨어지거나, 피로가 쉽게 풀리지 않는 것 모두 뇌의 이상을 알려주는 것이다.

× 뇌가 지쳤다.
× 뇌가 정상적인 판단이나 정보 처리를 할 수 없다.
× 이대로 뇌를 방치하면 큰일 난다.

그리고 실수는 위와 같은 뇌의 이상을 가장 쉽게 알 수 있는 지표다. 평소 생활하거나 일할 때 실수가 늘어난다면 뇌가 우리에게 알려주는 경고 증상이라고 봐야 한다.

나는 정신건강의학과 의사로서 뇌과학 연구를 병행하며 수천 명의 환자를 진찰해왔다. 수많은 우울증 환자를 만나고, 뇌와 마음의 구조를 연구하면서 깨달은 사실이 있다.

우울증 환자는 대부분 병의 초기 단계에 실수가 늘어난다는 점이다.

우울증 초기 단계에는 집중력을 높여주는 신경전달물질의 양이 줄어들어 집중력이 떨어지는 현상이 반드시 나타난다.

혹시 '나는 우울증이 아니니까 상관없어'라고 생각할지도 모르겠다. 하지만 우울증에 걸리지 않았더라도 우울증 전 단계인 뇌 피로 상태에 있다면 마찬가지로 실수가 늘어난다. 이는 곧 뇌가 피로한 상태를 나타내는 증상이 바로 실수라는 것이다.

스트레스가 많은 현대 사회를 살아가는 우리는 뇌 피로 상태에 빠지기 쉽다. 특히 매일 많은 일을 하고 스트레스를 받는 직장인의 뇌는, 피로가 누적되고 과부하 상태에 빠지기 쉽다. 뇌가 그 능력을 충분히 발휘하지 못할 때 우리는 실수를 한다. 이는 결코 남의 일이 아니다.

자신의 현재 몸 상태와 생활 패턴을 되돌아보면서 어떤 실수를 얼마나 자주 하는지를 알면 뇌가 어떤 상태인지도 확인할 수 있다. 실수를 하느냐 안 하느냐는 뇌의 컨디션을 알 수 있는 기준이자 병에 대한 경고 증상(노란색 신호)이기도 하다. 그러니 뇌 피로 상태일 때 자신의 뇌가 지쳐 있음을 깨달아야 한다. 뇌 피로를 방치하면 효율이 나쁜 상태로 업무가 가중되므로 만성 스트레스에 빠지거나 심하면 우울증에 걸릴 수도 있기 때문이다.

이를 뒤집어 생각하면, 실수를 차단하는 행동이 곧 뇌를 최상의 컨디션으로 만드는 방법이 된다. 실수를 없애는 방법은 아주 간단하다. 평소에 뇌의 능력을 올려주는 생활습관을 몸에 익혀서 뇌와 몸의 컨디션을 최고의 상태로 유지해주면 실수하지 않고 업무 능력을 100% 발휘할 수 있다.

실수를 일으키는 뇌 구조

실수를 막기 위해서는 우선 실수의 원인을 알아야 한다. 앞서 말했듯이 실수는 뇌에 이상이 있어서 일어난다.

좀 더 자세히 나눠보면, 실수의 원인은 집중력 저하, 워킹메모리 기능 저하, 뇌 피로, 뇌 노화 등 4가지다.

각각의 원인은 개별적으로 작동하지 않는다. 서로가 서로의 원인이 되기도 하고 결과가 되기도 한다. 닭과 달걀처럼 원인과 결과가 뒤섞여 나타난다. 예를 들면, 실수의 4대 원인 중 워킹메모리 기능 저하, 뇌 피로, 뇌 노화는 집중력 저하의 원인이기도 하다.

그렇다면 왜 원인을 4가지로 세분화했을까. 원인을 세밀하게

| 실수의 4대 원인 |

집중력 저하
집중력을 높이는 신경전달물질의 양이 줄어들어 주의력이 떨어지고 산만해진다.

워킹메모리 기능 저하
뇌에서 기억을 일시적으로 보존하는 공간인 워킹메모리의 용량이 부족해진다.

뇌 피로
뇌 피로 상태는 우울증 전 단계에 해당한다. 지나치게 스트레스가 많은 사람이 빠지기 쉽다.

뇌 노화
나이에 따른 노화는 뇌에서도 일어난다. 뇌가 맑아지는 습관을 실천하면 나이에 상관없이 생기 넘치는 뇌를 만들 수 있다.

분류하면 더욱 구체적인 대책을 세울 수 있기 때문이다. 뇌과학적 근거를 두고 실수의 원인을 4가지로 분류했기 때문에 훨씬 구체적이고 근본적인 대처법을 제시할 수 있다.

　지금까지의 뇌과학적 연구를 근거로, 실수를 일으키는 4대 원인을 근본적으로 해결해주는 뇌습관을 설명하겠다. 이 책에서 소개하는 뇌습관은 업무나 일상생활에서 쉽게 실천할 수 있다. 뇌습관을 몸에 익혀두면 실수를 막을 수 있을 뿐 아니라 일의 질과 속도가 비약적으로 올라간다.

일의 질과 속도를 올리는 과학적 방법

뇌는 4단계 프로세스로 움직인다. 입력—출력—사고—정리다. 뇌의 4가지 활동을 우리는 매일 무의식적으로 사용하고 있다.

이 책에서는 뇌의 4가지 활동에서 일어나는 실수를 방지하기 위한 노하우를 알려준다.

우리가 뇌를 활용하는 4단계 프로세스에서 4대 원인이 어떻게 실수를 유발하는지를 알게 됨으로써, 자신의 실수가 언제, 어떻게 일어나는지를 과학적으로 점검하고 대책을 세울 수 있다.

여기서 소개하는 뇌의 능력을 끌어올리고 실수하지 않는 뇌를 만드는 습관을 실천해, 모두가 젊은 뇌를 유지하면서 자신의 일에 최대의 능력을 발휘할 수 있기를 바란다.

| 뇌의 4단계 프로세스 |

입력 외부의 정보를 뇌로 인풋한다.

출력 뇌에 있는 정보를 외부로 아웃풋한다.

사고 정보를 토대로 다양하게 생각한다.

정리 감정과 사고를 정리한다.

3장

자기통찰력을 깨우는 사고법

잠재력을 능력으로 바꾸는 시스템을 만든다

4장

스트레스는 지우고
긍정 경험은 쌓는다

할 거 다 하면서
일 잘하는
사람의 비밀

일머리를 만드는 뇌습관

여기서는 뇌가 어떤 원리로 실수를 하는지, 실수를 일으키는 뇌 구조를 알아본다. 실수를 막음으로써 똑똑한 일머리로 거듭나는 기본 개념을 이해한다.

일잘러는 실수를
허투루 넘기지 않는다

먼저, 실수란 무엇일까?

사전을 찾아보면 "조심하지 아니해 잘못함. 또는 그런 행위"라고 나온다. 1시간 정도 차분히 생각해서 내린 결론이 결과적으로 틀렸을 때는 보통 실수했다고 하지 않는다. 평상시의 나였다면 하지 않았을 잘못을 했을 때 실수라고 한다.

× 가방을 전철 선반 위에 두고 왔다.

× 약속을 잊어버리고 상대를 바람맞혔다.

× 꼭 내야 하는 서류인데 깜박 잊어버려 마감일 안에 제출하지 못했다.

× 서류 작성 시 자잘한 실수가 많아졌다.

× 상사의 업무 지시를 기억하지 못하고 일을 처리하지 못했다.

수많은 상황에서 실수가 벌어지는 만큼 다양한 원인이 얽혀 있는 듯 보인다. 하지만 뇌과학적으로 분석해보면 실수의 원인 은 집중력 저하, 워킹메모리 기능 저하, 뇌 피로, 뇌 노화뿐이다.

이와 무관한 실수가 일어나는 경우는 결단코 없다. 즉, 실수 의 4대 원인을 막고 설령 원인이 발생하더라도 철저하게 대처 하면 실수를 전혀 하지 않을 수 있다. 실수를 하지 않는다는 것 은 곧 뇌가 최상의 컨디션이라는 뜻이다.

일을 잘하는 사람은 자기관리가 철저하다. 그들은 자신의 몸 상태에 따라 업무 효율이 달라진다는 것을 잘 알고 있다. 그래 서 몸을 최상의 상태로 유지하기 위해 노력한다. 뇌 또한 마찬 가지다. 뇌의 컨디션을 높이면 몸과 마음마저도 최상의 컨디션 을 유지할 수 있다. 우리가 뇌에 대해 알아야 하는 이유다.

지금부터 실수의 4대 원인을 자세하게 살펴보겠다. 실수가 일어나는 메커니즘을 이해하면 뇌를 어떻게 효과적으로 활용 할 수 있는지도 이해할 수 있을 것이다.

┃ 실수의 4대 원인 ┃

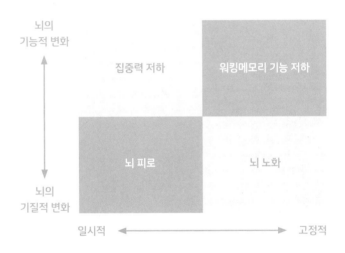

집중력

실수는
집중력이 떨어졌다는 증거

● 실수 뒤에는
  항상 부주의가 있다

'조심성 없어 일어난 실수' '무심코 저지른 실수' '부주의로 인한 실수' 같은 말이 있듯이 실수와 부주의不注意는 떼려야 뗄 수 없는 관계다.

주의력이 떨어지고 산만한 상태는, 바꿔 말하면 집중력이 떨어진 상태라고 할 수 있다. 따라서 집중력 저하는 실수의 주요한 원인이다.

시중에 나온 실수를 줄여주는 책은 대부분 집중력 저하에 어떻게 대처하면 좋은지에 초점이 맞추어져 있다. 이런 책들이 소개하는 대처법은 미리 확인하기, 사후 점검하기, 체계적으로 분류하기, 정리하기 등과 같은 내용이 대부분이다.

하지만 여기서는 집중력 저하에 관해 뇌과학적으로 깊이 파고들어 원인을 분석할 것이다. 먼저 뇌의 기능적인 구조를 파악한 다음 집중력 저하에 관한 근본적인 대책을 알아보자.

집중력이 떨어진 자신의 상태를 알아차리고, 떨어진 집중력을 높이며, 집중력을 확 끌어올려진 상태에서 일하고, 집중력이 떨어지는 현상을 막는 구체적인 방법들을 소개할 것이다.

뇌과학을 알면
집중력이 올라간다

집중력은 왜 유지되기 힘들며, 언제 떨어질까? 뇌과학적 지식을 기초로 분석해보겠다.

① 1일 생체리듬

집중력은 아침에 가장 높고 오후나 밤이 되면 떨어진다. 깨어난 이후부터 시간이 흐를수록 점점 낮아지는 경향을 보인다. 이는 모든 사람에게 일반적으로 적용되는 생리적인 리듬이기에 역행하기는 어렵다.

또 바쁘게 일하면 일할수록, 머리를 쓰면 쓸수록 집중력은 점점 떨어진다. 이유는 피곤해졌기 때문이다. 피곤해져서 집중력이 떨어졌다면 휴식을 통해 어느 정도 회복할 수 있다.

집중력에는 리듬과 기복이 있다. 리듬과 기복에 역행하지 말고 리듬을 타면서 또 기복에 맞춰 일하면 실수도 줄고 일을 효율적으로 할 수 있다.

실수하기 쉬운 일은 집중력이 높은 시간대에 하고, 실수하기 어려운 단순한 일은 집중력이 떨어진 시간대에 하는 것. 이것만 지켜도 실수할 확률을 크게 낮출 수 있다.

② 만성 피로와 스트레스

만일 당신이 최근 몇 주 동안 계속 일이 바쁘고 밤 11시가 되어서야 집에 들어가는 상황이 이어졌다면, 만성적으로 피로가 쌓여서 집중력이 떨어진 상태에 빠져 있을 가능성이 높다. 이처럼 뇌에 만성적인 스트레스가 쌓인 상태를 뇌 피로(뇌가 피곤한 상태)라고 한다.

우리 몸의 신장(콩팥) 바로 위에는 호르몬을 만드는 내분비 기관 중 하나인 부신(콩팥위샘)이 있다. 부신의 겉 부분인 부신 피질(부신겉질)에서는 스트레스에 대항하는 호르몬 코르티솔이 분비된다. 뇌에 피로가 쌓였다면 높은 확률로 정신적인 스트레스를 받을 테니 코르티솔 수치 역시 높을 것이다. 코르티솔 수치가 높으면 집중력 저하를 더욱 부추긴다.

만성 피로나 스트레스를 막으려면 자기통찰력을 높여서 상태가 더 심해지기 전에 자신이 지쳐 있다는 사실을 알아차리고 스트레스를 주는 원인에 대처하는 자세가 필요하다. 미리미리 대책을 세우고 스트레스를 정리해야 한다.

③ 전전두엽의 기능 및 노르아드레날린 저하

인간의 집중력은 전두엽(이마엽)과 뇌간(뇌줄기) 등 뇌의 여러 부위와 연관되어 있다. 그중에서도 전두엽의 앞부분인 전전두엽(앞이마엽)이 집중력 제어와 깊은 관계가 있다.

전전두엽에 흐르는 혈류량이 감소하면 집중력이 떨어진다. 가령 교통사고 등으로 전두엽이 손상되면 주의력을 유지하지 못하는 주의력결핍장애_{ADD}가 발생한다.

또 뇌에서 우리 몸 곳곳으로 화학 분자 형태로 지령을 전달하는 호르몬 관점에서 보면 노르아드레날린 역시 집중력에 깊은 관련이 있다. 노르아드레날린의 양이 줄어들면 주의력과 집중력이 동시에 떨어진다.

노르아드레날린은 만성적으로 스트레스를 받거나 뇌에 피로가 쌓이면 분비량이 줄어든다. 특히 우울증에 걸린 뇌는 노르아드레날린이 고갈된 상태다. 우울증 초기부터 노르아드레날린이 서서히 줄어들기 때문에 깜박하고 실수하는 일이 늘어난다.

이러한 증상을 막기 위해서는 우울증 전 단계인 뇌 피로일 때 대응해야 하며 스트레스를 미리미리 정리할 필요가 있다.

④ 워킹메모리 기능 저하

워킹메모리(작업기억)는 뇌의 작업 영역이라고도 부른다. 워킹메모리의 기능이 떨어지면 뇌의 작업 영역이 줄어들기 때문에 실수하거나 깜박 잊어버리는 일이 많아진다. 동시에 집중력도 떨어진다.

⑤ 뇌 노화

나이가 들면서 할 일을 무심코 잊어버리거나 이름이 바로 떠오르지 않는 경우가 늘어난다. '이제 나도 늙었나 봐' 하고 어쩔 수 없다고 생각하는 분이 많을 것이다.

나이가 들어감에 따른 뇌 노화 역시 집중력을 떨어뜨린다. 많은 사람이 뇌 노화는 막을 수 없다고 생각하지만, 이는 명백한 오해다. 적절한 방법으로 훈련하면 60~70세가 넘어서도 뇌를 젊게 유지할 수 있다.

뇌는 지금
너무 많은 일을 하고 있다

● 우리는 왜
　깜박깜박할까?

　다른 방에 물건을 가지러 가려고 방문을 연 순간 "가만, 내가 뭘 하려고 왔지?" 하고 잊어버릴 때가 있다. 누구나 한 번쯤 경험했을 것이다.

　깜박 잊어버리는 실수는 누구나 한다. 이런 실수가 자주 반복되면 인지증(치매)에 걸린 건 아닌지 걱정하는 경우도 있지만 깜박하는 실수는 치매와는 직접적인 관계가 없다.

깜박 잊어버린 순간, 뇌가 일시적으로 정보 과잉 상태에 빠진 것이다. 걸으면서 다른 생각을 했거나 스마트폰에 정신을 뺏겼거나 하는 이유로 말이다. 즉, 순간적으로 뇌의 용량이 초과되어 깜박하고 잊어버린 것이다.

인간의 뇌는 방대한 정보를 기억할 수 있는 잠재력을 지녔지만, 뇌로 정보가 들어가는 입구는 매우 좁다. 한꺼번에 많은 정보가 흘러들어오면 뇌의 입구에서 병목 현상이 일어난다.

뇌에는 뇌의 작업 영역인 워킹메모리가 있다. 워킹메모리는 뇌에 입력된 정보를 매우 짧은 시간 동안만 보존하고 그 정보를 바탕으로 사고, 계산, 판단 등의 작업을 하는 곳이다.

워킹메모리에서는 몇 초, 혹은 길어봤자 30초 정도로 매우 짧은 시간 동안만 정보를 보존한다. 정보 처리가 끝나면 그 정보는 바로 삭제하고 다음 정보를 새로 집어넣는다.

컴퓨터에 비유하자면 장기기억을 담당하는 곳이 하드디스크HDD라면 워킹메모리는 일시적인 저장소인 램RAM에 해당한다. 컴퓨터는 입력된 명령을 처리할 때 램에 명령어와 그에 관한 정보를 저장해두었다가 처리가 끝나면 바로 관련된 모든 정보를 삭제한다. 그리고 다음에 처리할 명령과 정보를 덮어쓴다. 이와 똑같은 정보 처리 과정이 우리의 뇌에서도 쉬지 않고 일어난다.

예를 들어 친구가 전화번호를 알려줄 때 스마트폰에 친구의 번호를 입력하기 전까지는 머릿속에 번호가 남아 있다. 하지만 번호를 등록하는 순간 친구의 전화번호는 머릿속에서 사라진다. 이럴 때 사용되는 곳이 워킹메모리다.

일이 많으면
실수하는 이유

오늘 중으로 마감해야 하는 일이 5건 있다고 하자. 다급한 상황에 몰리자 당신은 초조해진다. 맹렬한 속도로 일을 해치우지 않으면 도저히 오늘 중으로 일을 끝낼 수가 없다. 이럴 때면 사람은 당황한다. 어쩌면 공황 상태에 빠질지도 모른다. 그리고 이런 상태에서는 종종 큰 실수를 저지른다.

만약 오늘 끝내야 하는 일이 3건밖에 없었다면 당황하지 않고 여유롭게 일을 처리할 수 있었을 것이다.

당황한 상태를 뇌과학적으로 말하면 '워킹메모리가 부족해졌다'고 한다. 컴퓨터에 비유하자면 램이 부족해 동작이 느려지고

| 뇌의 기억 장치 워킹메모리 |

뇌의 워킹메모리에는 3개의 상자가 있다.

불안정해진 상태다.

앞 쪽의 그림과 같이 뇌에 3개의 상자가 있다고 상상해보자.

책상 위에 상자 3개가 놓여 있다. 각 상자에는 하나의 서류가 들어 있으며, 넣은 순서대로 작업할 수 있다. 하나의 서류를 처리하면 상자 속에서 서류를 꺼내 치우고 새로운 서류를 넣는다. 이러한 방식으로 뇌에서도 정보를 처리한다.

상자는 3개뿐이어서 동시에 5개의 서류를 처리할 수는 없다. 5개의 서류가 한꺼번에 들어오면 머릿속이 하얘지는 처리 불능 상태에 빠진다. 또는 뇌의 용량이 부족해져서 5개 중 어느 하나를 처리하는 것조차 잊어버리기도 한다. 깜박 잊어버렸다가 발등에 불이 떨어지고서야 생각나는 것이다. 혹은 시간에 쫓겨 여러 가지 일을 처리할 때 실수를 저지르기도 한다.

모두 워킹메모리의 용량이 부족해서 일어나는 현상이다.

일 잘하는 사람에게도
고작 하나가 더 있을 뿐

실수가 많은 사람에는 두 종류가 있다. 최근에 실수가 늘어난 사람과 원래부터 실수가 많은 사람이다.

최근에 실수나 부주의가 늘어났다면 이는 대부분 앞서 이야기한 것처럼 뇌에 피로가 쌓였기 때문이다. 그러나 최근에 실수가 시작된 경우가 아니라 "어릴 때부터 덤벙거리고 깜박하는 일이 잦았다"고 말하는 사람도 있을 것이다.

평소에도 실수가 잦아 고민인 사람은 워킹메모리의 용량이 작을 수도 있다. 어쩌면 보통 3개가 있어야 할 머릿속 상자가 2개밖에 없을지도 모른다. 그러면 한 번에 처리할 수 있는 정보량이 적어 머릿속은 늘 분주하고 풀가동 상태일 것이다. 워킹메모리에 여유가 없으면 실수가 빈번하게 일어날 수밖에 없다.

반대로 여러 개의 업무를 맡았는데도 차분히 차근차근 처리해 나가는 사람도 있다. 머리 회전이 빠르고 유독 일을 잘하는 사람은 워킹메모리의 용량이 다른 사람보다 많을 수 있다. 보통 사람에게는 머릿속 상자가 3개지만, 그들에게는 4개가 있는 것이다. 그러니 여러 업무를 한꺼번에 맡아도 혼란스러워하지 않고 순서대로 일을 처리할 수 있다.

늘 실수만 저지르는 무능력한 사원과 뭐든지 척척 해내는 일 잘하는 사원 중 어느 쪽이 되고 싶은가? 당연히 후자일 것이다.

무능력한 사원과 일 잘하는 사원에게는 결정적이고 커다란 선천적인 능력의 차이가 있는 것이 아니다. 단지 워킹메모리가 다른 사람보다 조금 많거나 적은 차이가 있을 뿐이다.

만일 내가 실수가 잦더라도 실망할 필요는 없다. 나이에 상관 없이 워킹메모리를 단련할 수 있기 때문이다. 워킹메모리 트레이닝을 제대로 실천하면 누구나 일 잘하는 사람이 될 수 있다.

최근 일이 겹치고 주말에 쉬지도 못하고 피로가 쌓였는가. 이 상태로는 평소에 워킹메모리의 용량이 많더라도 일시적으로 워킹메모리의 기능이 저하될 수 있으므로 주의해야 한다.

워킹메모리를 단련하는 9가지 방법에 대해서는 '1장 입력' 편에서 자세하게 설명하겠다.

뇌 피로

당신의 업무 능력은
이미 떨어져 있다

● 요즘 들어
  실수가 늘었다면

요즘 피곤하다고 느끼지 않는가?

피곤함의 요인 중 하나는 바로 뇌 피로다. 알기 쉽게 설명하면 뇌가 피곤 모드에 빠졌다는 말이다.

페이스북에서 종종 이런 글을 접한다.

× "전철에 가방을 두고 내렸어."

× "이번 프로젝트에 쓰일 중요한 데이터를 착각해서 삭제해버렸어."

× "집에 지갑을 두고 왔어."

× "스마트폰을 잃어버렸어. 어디에 두고 온 걸까."

나는 이런 글을 볼 때마다 '이 사람 괜찮을까. 뇌가 엄청 피곤한 상태인데'라며 걱정한다.

무심코 저지르는 실수는 인간이라면 누구나 하지만 짧은 기간 동안 반복해서 비슷한 실수가 일어난다면 주의해야 한다. '예전에는 이런 실수를 하지 않았는데 요즘에 실수가 늘었네'라고 느끼는 사람은 뇌가 지친 것이다. 즉, 뇌 피로가 원인이 되어 실수가 많아진 것이다.

뇌 피로는 수면 부족이나 만성적인 스트레스, 과도한 업무, 운동 부족 등이 겹쳐 뇌가 피곤해진 상태를 가리킨다. 건강한 상태와 비교하면 뇌의 능력은 현저히 떨어진다. 잦은 실수를 '피곤해서 그렇지 뭐' '요새 내가 정신이 없나 봐' 하고 가볍게 넘기지 말아야 하는 이유다. 실수를 가볍게 넘기고, 피곤한 상태를 방치한 데서 당신의 업무 능력은 이미 떨어져 있는 상태다. 그리고 뇌 피로는 업무뿐만 아니라 건강에도 악영향을 미친다.

마음의 감기,
뇌 피로

"요즘 실수가 늘었는데 혹시 피곤한 거 아니세요?"

이렇게 물으면 대부분은 다음과 같이 대답한다.

"괜찮습니다. 어디 아픈 덴 없거든요."

많은 사람이 자신의 몸 상태를 건강하거나, 아프거나 두 가지로만 구분한다. 이렇게 구분하면 몸이 좋지는 않지만 아프다고 할 만큼 심각하지 않은 상태까지 건강한 상태로 분류된다. 즉, 병이 나기 직전의 안 좋은 상태일 때도 스스로가 건강하다고 생각한다. 몸이 좋지 않지만 딱히 아프지는 않으니 별다른 대처가 필요 없다고 생각해 방치하고 결국 병에 걸리고 만다.

몸의 상태를 건강과 병으로만 구분하는 양자택일 사고방식은 버려야 한다. 왜냐하면 이 두 가지 분류법으로는 병을 예방할 수 없기 때문이다.

몸의 상태는 4가지로 구분할 수 있다. 몸 상태가 나쁜 순서대로 질병—미병—건강—최상의 컨디션이라는 4단계다.

특히 주의해야 할 단계는 건강과 질병의 중간인 미병未病 상태다. 미병이란 병에 걸리기 직전, 혹은 완전히 건강하다고는 말

| 건강을 구분하는 4단계 |

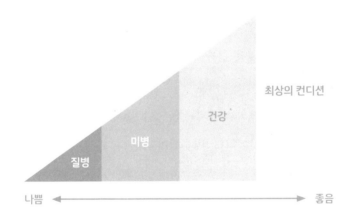

최상의 컨디션

건강

미병

질병

나쁨 ←————————————→ 좋음

할 수 없는 상태를 가리킨다. 건강검진 결과, "혈당 수치가 조금 높군요" 혹은 "혈압이 조금 높아요"라는 말을 듣는 사람은 미병에 해당한다. 이를 방치하면 당뇨병이나 고혈압으로 진행된다.

한편 건강보다 더 높은 단계도 있다. 단순히 병에 걸리지 않았을 뿐 아니라 의욕도 높고 정신력, 기술력, 체력이 모두 충만해 최고의 업무 능력을 발휘할 수 있는 상태다. 스스로도 몸 상태가 좋다고 느낄 수 있는 최상의 컨디션을 지닌 단계다.

4단계의 몸 상태는 칼로 자르듯 명확하게 구분되지 않는다. 우리는 건강하면서도 미병에 치우쳐진 상태나 최상의 컨디션에 치우쳐진 상태 사이를 왔다 갔다 움직이고 있다.

신체적 건강을 구분하는 4가지 상태를 뇌의 상태에 대입하면 우울증—뇌 피로—건강—최상의 뇌로 나눌 수 있다.

뇌 피로 상태에서는 집중력, 이해력, 기억력, 논리적인 판단력, 학습 능력 등 거의 모든 인지 기능이 떨어진다. 뇌의 활동력이 떨어져 자신이 본래 가지고 있는 인지 기능을 100% 발휘할수 없다. 그 결과 실수가 일어난다.

신호등에 비유하면 건강한 상태는 파란색, 뇌 피로 상태는 노란색, 우울증에 걸린 상태는 빨간색 신호다. 노란색 신호는 이대로 가다가는 우울증이라는 매우 위험한 레드존에 들어간다

┃ 정신 건강을 구분하는 4단계 ┃

최상의 뇌

건강

뇌 피로

우울증

나쁨 ◄────────────────────► 좋음

는 경고다. 몸은 우리가 노란색 신호에 있음을 실수를 통해 알려주는 것이다.

물론 뇌 피로 상태가 아니더라도 가끔 실수를 하기도 한다. 건강한 상태라고 해도 조금만 뇌 피로 상태로 치우치면 실수를 저지를 수 있기 때문이다.

뇌의 상태와 인지 기능은 매일 달라진다. 하루만 잠을 설쳐도 집중력은 큰 폭으로 떨어진다. 그러므로 건강을 유지하겠다는 소극적인 목표가 아니라 건강한 상태보다 더 높은 단계인 최상의 뇌를 목표로 삼아보자. 이를 위해 생활습관을 바꾸고 컨디션을 조절하겠다는 마음가짐이 중요하다. 최상의 뇌를 유지한다면 실수를 제로로 만들 수 있을 뿐 아니라 뇌의 인지 능력을 최대치로 활용할 수 있다.

뇌가 피곤하면
실수가 많아지는 이유

실수는 부주의 때문에 일어난다. 뇌가 피곤하면 주의력과 집중력이 떨어진다. 그럼 왜 뇌가 피곤하면 집중력이 떨어질까. 결론부터 말하면 노르아드레날린의 양이 줄어들기 때문이다.

우리 뇌에는 사고, 감정, 인지 기능 등을 담당하는 신경전달물질이 있다. 인간의 뇌에는 수백억 개에 달하는 신경세포가 존재하며, 이들은 복잡한 네트워크로 연결되어 있다. 각각의 신경세포가 전기를 흘려보내는 전선처럼 연속적으로 이어져 있지도 않다. 신경세포와 신경세포가 맞닿은 부분에는 시냅스라고 하는 매우 미세한 틈이 있다. 이 시냅스 안에서 정보를 전달하는 물질이 바로 신경전달물질이다.

신경전달물질은 호르몬이라고도 한다. 뇌에서 작용하는 경우에는 신경전달물질이라고 하고, 전신의 신경세포로 전달되어 몸을 조절하는 경우에는 호르몬이라고 부른다.

신경전달물질의 종류는 50가지가 넘지만 그중에서 실수의 원인과 관련된 물질은 노르아드레날린과 세로토닌 2가지다. 우울증을 뇌과학적으로 설명하면 노르아드레날린과 세로토닌의 양이 줄어들어 쉽게 회복하지 못하는 상태를 가리킨다.

노르아드레날린은 외적 스트레스를 방어하기 위해 분비되는 신경전달물질로 주의력, 집중력과 관련이 깊다. 인간이 위기에 빠지거나 궁지에 몰렸을 때 분비되며 집중력을 높여주어 단숨에 뇌를 활성화시킨다. 이로 인해 사고력, 판단력 등을 올려준다. 하지만 공포나 불안을 느끼는 상태가 장기간 지속되면 노르아드레날린이 과다 분비되어 결국 고갈된다. 이것이 우울증이다.

세로토닌은 우리의 마음과 감정 상태에 큰 영향을 미치는 신경전달물질로 심신의 안정과 마음의 평온을 유지하는 데 관여한다. 다른 신경전달물질의 분비, 낮과 밤의 생체 리듬 등을 조절하는 관리자 역할을 한다. 세로토닌이 부족하면 마음이 불안정하고 초조해진다. 쉽게 화를 내고 감정이 격해진다. 불안감이 심해지고 나쁜 생각이 머릿속에서 떠나지 않는다. 모든 일에 대한 의욕이 사라진다. 이는 집중력이 떨어지는 현상으로 이어진다.

건강한 사람이 어느 날 갑자기 우울증에 걸리는 경우는 없다. 정상적인 상태보다 노르아드레날린과 세로토닌이 줄어든 상태, 즉 뇌 피로 상태가 일정 기간 지속되면 뇌의 신경전달물질이 고갈되어 우울증에 걸리는 것이다.

최상의 뇌 모드로!

환자 중에는 화난 얼굴로 "몇 개월이나 통원했는데 병이 전혀 낫지 않잖아요!"라며 따져 묻는 분들이 있다. 병이 낫지 않는 건 모두 의사 탓이라고 말하는 듯하다.

하지만 병이 잘 낫지 않는 것은 의사 탓이 아니다. 낫기 어려운 것이 병의 특징이자 정의라고 할 수 있다. 건강하다고 말할 수 없는, 신체 기능이 정상적이지 않은 상태가 고착되어 쉽게 나아지지 않는 상태를 병에 걸렸다고 진단한다. 하룻밤 자고 낫는다면 그 것은 병이 아니다.

"아니, 감기는 하룻밤 자면 낫잖아요?"

이에 대해서 다시 반론하자면 감기는 감염증이지 감염병이 아니다. '…증'은 어떤 상태를 가리킨다. 감염증은 감염된 상태, 탈수증은 탈수인 상태를 말한다. 엄밀히 말해서 '…증'은 병이 아니다. 다만 우울증은 '증'이 붙었지만, 정확한 의학 용어는 '우울장애'로 병에 해당한다. 우울증이라는 표현이 널리 쓰이고 있어 이 책에서도 친근한 표현을 썼을 뿐이다.

'…증'은 병에 해당하지 않는다. 병은 쉽게 낫지 않는다. 물론 누구나 병에 걸리면 빨리 낫길 바란다. 그러나 다시 강조하지만 낫기 어렵기 때문에 '병'이라고 하는 것이다.

한 가지 좋은 방법이 있다. 나쁜 컨디션, 뻐근한 몸, 우울한 기분, 통증 등을 매우 짧은 시간 안에 후유증 없이 완전하게 고치는 마법과 같은 치료법이다. 바로 미병일 때 치료하는 것이다.

앞서 소개한 '건강을 구분하는 4단계'(38쪽)를 떠올려보자. 미병과 질병의 상태는 서로 이웃하고 있다. 매우 가까운 상태로 보이지만 사실 미병과 질병의 경계에는 커다란 장벽이 존재한다. 가는 건 쉬워도 오는 건 어렵다는 말이 있듯이 미병에서 질병으로 진행되기는 쉽지만 질병에서 미병으로, 질병에서 건강한 상태로 돌아오기는 그리 간단하지 않다.

전문 용어로 말하면, 미병은 가역적이지만 질병은 불가역적이다. 미병 상태라면 휴식이나 생활습관 개선을 통해 건강한 상태로 금방 회복될 수 있다. 그러나 일단 발병되면 병원에 가서 약물치료나 외과치료를 받지 않으면 쉽게 낫지 않는다.

매일 강도 높은 훈련을 하는 운동선수에게는 뼈에 과도한 스트레스가 쌓여 실금 같은 미세한 골절이 발생하는 피로골절이 종종 발생한다. 훈련을 너무 많이 해서 단백질이 감소하고 칼슘이 빠져나가 골밀도가 떨어져, 뼈가 물러지고 부러지기 쉬운 상태가 되기 때문이다.

피로골절(미병) 상태라면 운동량을 줄이고 식사를 개선해서 칼슘, 단백질, 마그네슘 등을 많이 섭취하면 단기간에 건강한 상태로 되돌아갈 수 있다. 하지만 피로골절 상태로 심한 운동을 계속하면 어느 날 뼈가 뚝 하고 부러져버린다. 일단 골절(병)이 되면 뼈가 원래대로 붙을 때까지 몇 개월이나 걸린다.

우울증도 마찬가지다. 우울증을 '마음의 감기'라고도 한다. 하지만 나는 이 말을 매우 싫어한다. 우울증은 '마음의 골절'이라고 불러야 맞다. 굳이 비유하자면 뇌 피로가 마음의 감기에 해당한다. 자신이 뇌 피로 상태라는 생각이 들면 충분한 수면을 취하고 2~3일 쉬기만 해도 몸 상태가 크게 좋아질 수 있다. 하지만 일단 우울증이 발병하면 원래 상태로 돌아가는 데 최소한 3개월, 심한 경우에는 1년 넘게 걸리기도 한다.

이것이 미병과 질병 사이에 존재하는 커다란 장벽이다. 한번 발병하면 간단히 건강한 상태로 되돌리기가 어렵다.

우울증 증상으로는 침울함, 의욕 저하, 의지 상실 등이 널리 알려져 있다. 이러한 증상을 가족이나 직장 동료가 눈치챌 정도라면 뇌 피로를 지나 이미 우울증으로 진행됐을 확률이 높다.

하지만 뇌 피로(미병)인 상태에서 나의 뇌가 지쳐 있는지 깨닫는다면, 우울증(병)으로 진행되는 일은 막을 수 있을 것이다. 이때 필요한 것이 자기통찰력이다. 자기통찰력을 높여 뇌의 경고 증상을 알아차리는 것이다. 자신의 현재 몸과 마음의 상태를 정확하게 파악해 몸과 마음의 이상이나 불편함을 하루라도 빨리 알아차려야 한다.

- ○ 나의 뇌는 지금 건강한가 아니면 지쳐 있는가?
- ○ 뇌의 활동력이 올라간 상태인가 아니면 떨어진 상태인가?

이때 자신의 상태를 파악하는 지표가 바로 실수다. 자신의 생활을 되돌아보면서 어떤 실수를 얼마나 자주 하는지를 살펴보면 자신의 뇌가 어떤 상태인지도 확인할 수 있다. 그 방법에 대해서는 '3장 사고' 편에서 자세하게 설명하겠다.

실수가 늘었다는 사실에 민감해지고 실수의 원인을 찾고 대책을 마련하자. 이것이 바로 뇌의 상태를 최상으로 끌어올리는 뇌습관의 기본이다. 뇌 피로 상태인 사람은 건강을 목표로, 건강한 사람은 최상의 뇌를 목표로 삼자. 지금 자신의 상태보다 한 단계 높은 상태로 레벨업하는 것이 뇌의 능력을 높이는 일이다.

이 책을 통해 구체적인 방법을 자세히 설명하겠다. 누구나 건강한 뇌, 나아가 더 높은 단계인 밝고 생기 넘치며 의욕으로 가득 찬 최상의 뇌를 만들 수 있다.

뇌 노화

훈련하지 않으면
뇌는 빠르게 늙는다

• 나이가 들수록
  자꾸 깜박하는 이유

깜박 잊어버리거나 다른 사람의 이름이 바로 떠오르지 않는 횟수가 예전과 비교해서 눈에 띄게 늘었는가?

이럴 때 '치매 아냐?' 하고 걱정하는 사람도 있지만 전혀 그럴 필요 없다. 만에 하나 치매라면 냄비를 태우거나 냉장고에 있는 재료를 또 사는 등의 결정적인 실수를 저지르고 만다.

워킹메모리의 기능이 가장 뛰어난 연령대는 20~30대다. 그러니 30대 후반만 되도 다른 사람의 이름이 바로 떠오르지 않는 등의 깜박하는 실수를 흔히 저지른다.

또 나이를 먹으면 오랜 시간 동안 집중력을 유지하기가 어려워진다. 젊을 때와 비교하면 체력도 떨어지지만 집중력을 유지하는 힘도 떨어지기 때문에 결국 나이를 먹으면 실수를 일으키기 쉬워진다. 그런 면에서 뇌 노화는 중대한 실수를 저지르는 원인이라고 할 수 있다.

젊은 뇌를 유지하는 비결

뇌에 대한 다음과 같은 이야기를 들어본 적이 있을 것이다.

× 뇌 노화는 막을 수 없다.

× 살아가는 동안 인간의 뇌세포는 계속 줄어든다.

× 매일 10만 개의 뇌세포가 사라지고, 한 번 사라진 뇌세포는 다시 생기지 않는다.

위 내용은 20년 전만 해도 사실로 여겨졌다. 하지만 최근 들어 뇌에 대한 통설이 틀렸음이 밝혀졌다. 뇌세포는 하루에 10만 개씩 죽지 않는다. 게다가 뇌세포는 재생되지 않는다고 믿어왔지만 사람의 기억에 관여하는 해마의 과립세포는 재생된다는 것이 발견됐다. 또 자기공명영상MRI과 같은 의료 영상 기술이 발전하면서 뇌의 용량이 늘어나는 현상도 관찰됐다.

뇌 기능이 연령과 함께 떨어지는 것은 사실이다. 그러나 이는 뇌를 쓰지 않는 사람의 경우다.

뇌를 잘 쓰지 않으면 뇌의 활동은 점점 줄어들고 당연히 기억력도 점점 떨어진다. 또 뇌세포가 점차 죽어서 뇌가 작게 쪼그라든다. 이를 '폐용성 위축'이라고 부른다. 사용하지 않는 기능은 퇴화한다는 뜻이다. 고령자의 뇌를 MRI로 찍어보면 위축되어 있는 경우가 많으며 실제로 뇌의 위축 정도를 정량화하면 나이에 따라 매년 약 1%씩 줄어든다고 한다.

그러나 나이가 들어도 뇌를 계속 사용하는 사람은 뇌가 거의 위축되지 않는다. 즉, 뇌를 쓰지 않는 사람은 뇌가 점점 노화되지만 뇌를 계속 사용하는 사람은 언제까지나 젊은 뇌를 유지할 수 있다.

이를 증명하는 연구가 있다. 대학생과 70대 노인을 대상으로 단어를 기억하는 테스트를 시행했다. 그 결과 80%의 노인은 대학생보다 기억력이 떨어졌지만 20%의 노인은 대학생과 거의 비슷한 수준으로 단어를 기억하고 있음이 드러났다. 뇌 노화에 따른 기억력 감퇴에는 개인차가 있으며 고령자 중에도 기억력이 거의 떨어지지 않은 사람이 존재함이 밝혀졌다.

뇌는 죽을 때까지
성장한다

성인이 되면 뇌는 성장하지 않으며, 나이가 들수록 그 기능이 점점 떨어질 뿐이라는 사고방식은 현재 뇌과학에서 완전히 부정되고 있다.

뇌의 기능은 신경세포의 수와 비례하지 않고 신경세포 간의 시냅스 결합 수에 비례한다. 신경은 신경세포들 간의 네트워크로 구성되는데 신경세포와 신경세포가 맞닿은 부분이 시냅스다. 하나의 신경세포는 약 2000개의 시냅스와 결합해 다른 신경세포와 연결되어 있다. 매우 치밀한 네트워크다.

시냅스의 결합 수는 뇌를 계속 단련하기만 하면 40대나 50대에도 늘릴 수 있다. 중년이 되어도 시냅스 결합 수를 늘리면 기억력을 높일 수 있다. 반대로 아무런 훈련도 하지 않으면 시냅스 결합 수는 점점 줄어든다. 훈련하지 않으면 나이가 들수록 뇌세포는 사라지고 뇌는 노화되며 기억력은 감퇴된다.

뇌를 잘 사용하면 시냅스 결합 수가 늘어나 뇌 노화를 막고 기억력은 올라가며 언제까지나 뇌를 생기 넘치는 상태로 유지할 수 있다. 뇌가 활성화되면 물건을 잃어버리거나 깜박 잊는 실수가 줄어들며 그 결과 업무를 척척 해낼 수 있다. 뇌 노화를 막고 언제까지나 젊은 뇌를 유지하기 위한 뇌 트레이닝 방법도 앞으로 자세히 설명하겠다.

똑똑한 일머리를 만드는
뇌의 4가지 활동

● 인풋과 아웃풋만 잘해도
　일잘러가 될 수 있다

　지금까지 실수의 4대 원인을 알아보았다. 실제로 실수는 뇌에
정보를 입력(인풋)하거나, 뇌에서 밖으로 정보를 출력(아웃풋)하는 과정
에서 일어난다. 인풋은 듣기, 읽기 등 뇌로 정보를 입력하는 일이
며, 아웃풋은 말하기, 쓰기 등 뇌에서 정보를 출력하는 일이다.
　예를 들어 과장과 복도에서 마주쳤을 때 "아 참, 다음 프로젝

트 회의는 9월 20일 11시로 정해졌으니까 자료 정리 좀 부탁해"
라는 말을 들었다고 하자. 당신은 중요한 회의니까 잊어버리기
전에 메모해두려고 바로 수첩을 꺼내 회의 일정을 적었다.

| 실수의 유형 |

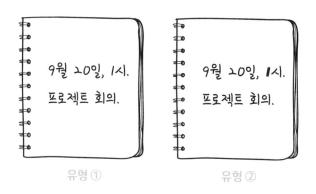

유형 ①   유형 ②

하지만 복도가 시끄러웠던 탓에 11시의 십의 자릿수를 듣지
못했다. 당신은 결국 회의를 건너뛰었고 과장에게 크게 잔소리
를 들었다. 이 상황은 잘못 들은 실수 즉, 입력 실수이자 인풋 실
수다(유형 ①).

다른 유형도 있다. 9월 20일 아침, 당신은 수첩을 꺼내 그날

의 일정을 확인한다.

'음, 1시부터 프로젝트 회의군.'

과장에게 회의 시간을 들었을 때 서둘러 수첩에 메모한 탓에 11시의 1을 겹쳐 써서 하나로 본 것이다. 차분히 또박또박 썼더라면 하지 않았을 실수다. 이는 쓰기라는 출력 실수다. 즉, 아웃풋 실수다(유형 ②).

똑똑하게 일하는 사고법과 정리법

복도가 시끄러워 잘못 들은 것은 어쩔 수 없더라도 그 자리에서 과장에게 "9월 20일 1시요, 알겠습니다"라고 확인했다면 실수는 일어나지 않았을 것이다. 그러면 과장은 "1시가 아니라 11시야"라고 정보를 바르게 고쳐주었을 것이다. 혹은 자리에 돌아와서 과장에게 '9월 20일 1시, 프로젝트 회의'라고 확인 메일을 보냈다면 오류는 수정되었을 것이다. 즉, 확인을 게을리했기 때문에 실수가 일어났다는 뜻이다. 이는 사고의 실수다.

평소에 중요한 사항을 확인하는 습관을 들인다면 입력 실수가 일어나도 충분히 바로잡을 수 있다. 확인만 잘해도 실수를 미리 방지할 수 있다. 따라서 실수하지 않는 사고법을 습관화해야 한다.

다른 예를 살펴보자. 영업 미팅을 나가려고 외근 준비를 하는데 과장이 말을 건다.

"전단지 샘플이 나왔으니까 오탈자가 있는지 확인해줘. 오후 5시까지는 오탈자 수정이 가능하다니까 그 전까지 수정 사항 있으면 전달하고."

당신은 약속 시간이 다가오니 외근을 갔다 온 다음에 확인하기로 하고 샘플을 책상 위에 두고 나간다.

다음 날 아침, 당신은 과장에게 불려가 불호령을 듣는다.

"전단지 확인한 거야? 클라이언트 회사 이름이 틀렸잖아! 1만

| 정리 실수의 유형 |

부나 인쇄했는데 다 다시 찍게 생겼다고!"

전날 당신은 책상 서류 더미 위에 전단지 샘플을 두고 나갔는데, 다른 사람이 그 위에 또 다른 서류를 올려놓는 바람에 샘플이 서류 더미에 묻혀버린 것이다. 게다가 거래처와의 문제에 신경 쓰느라 전단지를 확인하는 일을 잊고 말았다.

이는 책상 위를 깨끗이 정리해두었다면 일어나지 않았을 실수였다. 어쩌면 거래처와의 트러블 때문에 마음이 복잡해져서 실수를 했는지도 모른다. 감정을 잘 정리했다면 실수는 일어나지 않았을 것이다.

실수를 하지 않으려면 평소에 정리를 잘하는 습관이 필요하다. 물건 정리, 주변 정리 같은 공간 정리뿐 아니라 스트레스 정리, 감정 정리도 질 높은 컨디션을 유지하기 위해 반드시 필요하다.

입력 ─ 출력 ─ 사고 ─ 정리

실수가 일어나기 쉬운 4가지 뇌 활동에 맞추어 평소에 제대로 된 대책을 세워두자. 실수가 일어나기 어려운 습관이 자연스럽게 몸에 배면 그만큼 똑똑하게 일할 수 있는 일머리를 얻을 것이다.

입력

중요한 것만
남기고
과감히 버린다

정보력을 향상시키는 입력법

외부의 정보를 뇌로 집어넣는 첫 번째 단계는 입력이

다. 1장에서는 중요한 정보만 제대로 기억하기 위한 듀

얼태스킹법, 메모법 등의 과학적인 실천법을 소개한다.

빠른 일처리의 비밀,
워킹메모리

● 뇌 속에는
3개의 상자가 있다

워킹메모리는 뇌의 작업 영역이다. 앞에서 워킹메모리에 대해 설명했기 때문에 대략적으로는 알고 있겠지만 실수의 4대 원인 중 하나가 워킹메모리 기능 저하인 만큼 좀 더 자세하게 알아보겠다.

아침 출근길에 편의점에 들른다고 하자. 왼쪽 편의점에는 계산대가 2대 있고 각 계산대에는 5~6명이 줄을 서 있다. 오른쪽 편의점에는 계산대가 4대 있고 기다리는 사람도 거의 없다. 당신이라면 어느 쪽 편의점에 들어가겠는가? 바쁜 아침 시간이므로 당연히 계산대가 4대 있어서 빨리빨리 돌아가는 편의점에 들어갈 것이다.

계산대에서는 줄을 먼저 선 손님부터 계산한 다음 새로 들어오는 손님의 물건을 순서대로 계산한다. 편의점의 계산대를 뇌의 워킹메모리라고 생각해보자. 뇌로 들어온 정보를 명령에 따라 순서대로 처리하는 장소가 워킹메모리이므로 편의점의 계산대와 워킹메모리는 매우 흡사하다.

편의점에 계산대가 적으면 확실히 시간이 더 걸리고 계산할 수 있는 손님도 줄어든다. 계산을 하는 점원도 마음이 다급해져 손님을 성의 없이 대하거나 계산을 잘못하는 실수를 저지를 수도 있다.

반면, 워킹메모리의 용량이 클수록 정보는 빠르고 정확하게 처리된다. 편의점에 계산대가 많을수록 손님의 흐름이 원활해지듯이 워킹메모리가 많을수록 정보 처리 속도가 빨라지며 일을 신속하게 해낸다. 결국 일의 흐름도 빨라지고 실수도 적어진다.

뇌에서 정보를 제일 처음 맞이하는 입구이기도 한 워킹메모리가 가득 차면 앞서 말한 입력 실수가 일어난다. 깜박하는 입력 실수를 방지하려면 워킹메모리의 용량을 늘려야 한다.

뇌가 전화번호를 기억하는 법

그렇다면 인간의 워킹메모리 용량은 어느 정도일까. 즉, 우리 뇌에는 몇 대의 계산대가 돌아가고 있을까.

과거에는 '매직넘버'라고 해서 숫자 '7'이 주목받았다. 전화번호같이 나열된 숫자를 외울 때면 7~8번째까지는 기억이 나지만 이를 넘으면 가물가물해진다는 것이다.

다음의 경우를 생각해보자. 아내가 전화를 걸어 "오늘 저녁에 소고기전골 할 거니까 소고기, 배추, 버섯 좀 사다 줘"라고 말했다. 전화를 끊고 수첩을 펴서 메모를 할 때까지 3가지 재료의 이름을 잊어버리는 사람은 거의 없다.

하지만 다음과 같은 경우라면 어떨까. "오늘 저녁에 소고기전골 할 거니까 소고기, 배추, 버섯, 양파, 두부, 당근, 파 좀 사다 줘"라고 말했다고 하자. 전화를 끊자마자 수첩에 적으려고 머리를 굴려도 7개 전부를 기억해내기란 매우 어렵다.

워킹메모리의 용량은 처리해야 할 과제가 뇌에 얼마만큼 부하가 걸리느냐에 따라 달라진다. 위와 같이 단순한 숫자가 아니라 물품의 명칭을 기억하는 경우라면, 뇌가 받는 부하가 커지므로 기억할 수 있는 용량은 7보다 크게 줄어든다.

최근 연구에 따르면 워킹메모리의 용량은 3개 내외라고 알려져 있다. 3개까지는 대부분 확실하게 기억하지만 5개를 넘는 순간 기억이 흐릿해지고 머리가 하얘지는 것이다.

전화번호를 외울 때도 숫자 11개를 기억하는 것 같지만 사실 '○○○-△△△△-□□□□'처럼 3개의 덩어리로 나누어 기억하는 것이다. 이와 같이 우리는 무의식적으로 3이라는 워킹메모리의 용량을 활용해 기억하고 있다.

연구자들 사이에서도 몇 가지 설이 있고 또 사람마다 개인차가 있겠지만 워킹메모리의 용량이 3이라는 사실은 매우 설득력이 높다. 따라서 이 책에서는 앞으로 워킹메모리의 용량을 3으로 상정해 설명하겠다.

다시 말하면 우리의 뇌에는 3개의 계산대가 돌아가며 정보를 처리하고 있다. 이는 평균적으로 3개라는 뜻으로 실수가 많은 사람은 2개일 가능성도 있다. 반대로 일을 다른 사람보다 요령

있게 잘하는 사람은 4개일지도 모른다. 평소에는 워킹메모리가 3개이더라도 뇌 피로 상태가 되면 2개로 줄어든다. 우울증에 걸리면 1개로 줄기 때문에 머리가 잘 돌아가지 않고 생각이 제자리만 빙빙 돈다.

알기 쉽게 정리해보면 워킹메모리는 최상의 뇌 → 4개, 건강 → 3개, 뇌 피로 → 2개, 우울증 → 1개라고 할 수 있다. 당신이 지금 건강한 상태라면, 3개의 워킹메모리를 4로 늘려 일의 효율을 높일 수 있다. 지금 뇌가 피곤한 상태로 워킹메모리가 2개뿐이라면 피로를 해소해 워킹메모리를 3개로 늘려 건강 상태로 회복해야 한다.

편의점에서는 계산대를 늘리고 싶을 때 점장이 직원에게 "계산대 좀 봐주세요"라고 한마디만 하면 순식간에 계산대의 수가 늘어난다. 그렇다면 머릿속 계산대의 수도 간단히 늘릴 수 있을까?

대답은, 그렇다. 당신의 머릿속 계산대가 지금은 2대일지라도 3대, 4대로 늘릴 수 있다.

지금부터 입력 실수를 줄이기 위해 워킹메모리의 용량을 늘리는 방법과 워킹메모리의 용량은 늘리지 않더라도 기존의 워킹메모리를 100% 활용할 수 있는 방법을 소개하겠다.

워킹메모리를 단련하는
9가지 방법

워킹메모리를 단련하는 방법에는 여러 가지가 있지만 그중에서도 뇌과학적 근거가 밝혀진 실천법을 엄선해서 9가지 방법을 설명하겠다.

① 수면

자신이 가지고 있는 워킹메모리의 능력을 100% 발휘하기 위해서는 반드시 7시간 이상의 충분한 수면을 취해야 한다.

의사를 대상으로 한 연구에 따르면 잠이 부족한 의사는 잠을 충분히 잔 의사에 비해 업무를 끝내는 시간이 14% 이상 늦어졌고, 실수할 확률은 20% 이상 높았다고 한다.

수면이 부족하면 워킹메모리의 기능을 비롯해 집중력, 기억력, 학습력, 실행력 등 여러 종류의 인지 기능이 떨어진다. 즉, 실수를 저지르기 매우 쉬운 상태에 빠진다.

이러한 인지 기능의 저하는 수면 시간이 6시간 이하만 되어도 나타난다고 하니 주의해야 한다.

② 운동

운동은 워킹메모리를 강화해준다. 워킹메모리뿐 아니라 집중력, 기억력, 학습력 등 뇌의 많은 기능을 활성화해 치매를 예방해준다. 즉, 운동은 최고의 뇌 훈련법이다.

특히 근육운동보다 유산소운동이 뇌의 활동력을 올려준다. 그중에서도 달리기와 조금 빠른 걸음으로 걷는 경보를 추천한다. 뇌를 활성화하려면 일주일에 2시간 이상 유산소운동을 하는 것이 좋다.

운동은 효과가 즉시 나타나는 방법이기도 하다. 워킹메모리에 대한 연구 중에는 단 30분의 달리기 후에도 워킹메모리의 기능이 향상되었다는 결과도 있다. 물론 몇 시간 지나면 원래대로 돌아오지만 유산소운동을 통해 뇌신경을 형성하는 데 쓰이는 뇌유래신경영양인자BDNF가 분비되어 뇌의 네트워크가 강화된다. 지속적인 운동은 워킹메모리의 기초 능력을 높여준다.

③ 자연과 친해지기

"운동을 한다면 어떤 운동이 뇌에 가장 좋은가"라는 질문을 자주 받는다. 최근 연구에 따르면 나무타기처럼 자연 가까이에서 하는 운동, 흙길을 맨발로 달리기, 산길을 달리는 트레일러

닝 등이 워킹메모리의 기능을 향상시키고 뇌를 활성화하는 데
효과가 높다고 한다.

산길을 달리다 보면 돌멩이가 튀어나와 있거나 나무가 쓰러
져 있어서 위험할 수도 있다. 이러한 위험을 재빠르게 알아차려
서 뛰어넘거나 피하는 등 판단과 행동을 순간적으로 해내야 한
다. 이처럼 생각하거나 판단하면서 운동을 하면 뇌가 한층 더
활성화된다.

포장된 도로 위를 달리더라도 자연으로 둘러싸이고 녹색 나
무가 많은 코스를 선택하자. 뇌가 더욱 활성화되는 효과를 누릴
수 있다.

꼭 달리지 않더라도 자연 속을 걷거나 산책만 해도 뇌가 활성화되
고 스트레스가 풀리며 심신이 진정되는 효과를 얻을 수 있다. 자연 가
까이에서 호흡하는 행위 자체가 곧 뇌를 훈련하는 것이므로 자
연과 함께하는 시간을 되도록 늘리기 바란다.

④ 독서

일본에서 워킹메모리 연구를 이끌어온 오사카 마리코 오사
카대학교 교수가 대학생 50명을 대상으로 한 연구에 따르면, 워
킹메모리의 용량이 큰 학생은 독해력이 높고 문장 전체의 논지

를 이해하는 문맥 파악 능력이 뛰어나다고 한다.

책을 읽으면 워킹메모리가 단련된다는 이야기는 예전부터 나온 말이지만 이 연구를 통해 사실임이 입증되었다. 독서를 통해 독해력을 쌓으면 워킹메모리의 기능이 향상된다는 워킹메모리와 독해력의 상관관계가 명확하게 밝혀진 것이다.

⑤ 암기

무언가를 기억하거나 암기할 때면 의심의 여지없이 워킹메모리가 사용된다. 따라서 무언가를 의식적으로 암기하는 행위, 즉 기억력을 사용하는 것 역시 워킹메모리 훈련법이 된다.

최근에는 스마트폰으로 검색만 하면 뭐든지 바로 알아낼 수 있어서 직장인이 기억력을 사용할 기회는 현저하게 줄어들었다. 따라서 적극적으로 자격시험이나 승진시험을 치르고 또 자신의 취미를 검정해주는 시험에 응시해보는 자세가 필요하다. 어른이 되어서도 공부는 계속해야 한다. 특히 새로운 단어를 많이 외워야 하는 외국어 공부는 워킹메모리를 단련하기에 딱 알맞다.

어른의 공부법에 대해서는 106쪽에서 자세하게 설명하겠다.

⑥ 암산

16+59는 얼마일까? 암산해서 계산해보자.

먼저 일의 자리끼리 더하면 15이므로 1을 십의 자리에 받아올림한다. 십의 자리끼리 더하면 6이므로 6+1은 7, 정답은 75가 된다.

이 계산을 하려면 반드시 몇 개의 숫자가 머릿속 공간에 임시로 올라가 있어야 한다. 숫자가 임시로 올라가 있는 공간이 바로 워킹메모리이므로 암산을 통해서도 워킹메모리를 단련할 수 있다.

하지만 요즘에는 스마트폰에 기본적으로 계산기 애플리케이션(줄여서 '앱')이 들어 있기 때문에 암산을 할 필요성을 느끼지 못한다. 그럼에도 가능한 계산기에 기대지 말고 직접 할 수 있는 계산은 암산하는 습관을 들여야 뇌 노화를 막을 수 있다.

⑦ 보드게임

체스, 장기, 바둑 등과 같은 보드게임이 매우 효과적인 인지훈련이라는 사실은 잘 알려져 있다. 워킹메모리를 단련해줄 뿐 아니라 치매 예방에도 효과가 크다는 연구 결과도 있다.

장기를 둘 때는 한 수, 혹은 몇 수 앞을 미리 읽어야 한다. 내가 이렇게 두면 상대는 이렇게 나오겠지, 하는 시뮬레이션이 머

릿속 장기판에서 일어나는데 이 과정에서 워킹메모리가 사용
된다.

장기나 체스는 고도의 집중력이 필요하기 때문에 집중력을
단련하는 데도 도움이 된다.

⑧ 요리

스파게티를 만드는 상상을 해보자. 파스타 면을 삶으면서 채
소 껍질을 벗기고 잘게 썬다. 다음에는 프라이팬을 가열한 뒤
소스를 준비한다.

이처럼 요리는 여러 작업을 한꺼번에 진행해야 한다. 복잡한
요리 과정과 불 조절 등을 동시에 파악하면서 언제 재료를 넣고
불을 꺼야 하는지 등도 판단해야 한다. 모든 워킹메모리가 돌아
가며 사용된다.

요리는 언뜻 간단해 보이지만 일정한 순서에 따라 여러 행동이 요구
되는 작업이므로 요리하는 것만으로도 뇌를 단련시킬 수 있다.

단순히 요리를 하는 것만으로도 워킹메모리가 단련되지만,
레시피를 보지 않고 음식을 만들면 뇌를 트레이닝하는 효과가
훨씬 더 커진다.

"요즘 요리를 못 하겠다" "냄비를 자주 태운다" "음식의 간이

이상해졌다" 등의 행동으로 치매를 발견하는 경우도 있다. 치매 환자가 이용하는 노인복지시설에서 자주 활용하는 작업치료법 중 하나도 바로 요리다.

요리는 뇌 훈련에 좋을 뿐 아니라, 부부나 가족과 함께한다면 요리를 하는 과정에서 많은 대화를 나눌 수 있고, 스트레스 정리에도 도움이 되므로 여러모로 추천하는 활동이다.

⑨ 마인드풀니스

구글에서 사내 연수 프로그램으로 활용해 주목받기 시작한 마인드풀니스는, 지금 이 순간의 느낌과 활동에 집중해 현실을 있는 그대로 받아들이는 훈련법이다. 스트레스 해소법 중 하나로 의료, 비즈니스, 교육 현장에서도 활용되고 있다.

캘리포니아대학교 산타바바라 캠퍼스UCSB에서 48명의 학생을 대상으로 마인드풀니스 실험을 했다. 학생들은 반으로 나뉘어 각각 마인드풀니스 수업과 영양학 수업을 2주간 받았다.

수업이 끝나고 몇 가지 항목의 평가를 진행했다. 이때 마인드풀니스 수업을 받은 학생들이 워킹메모리 기능의 평가 점수가 올라갔다. 그뿐 아니라 실험 후에 본 독해력 시험 점수가 실험 전 자신의 점수보다 향상됐으며, 영양학을 수강한 학생들과 비교해서도 평균 16%가 높았다고 한다.

마인드풀니스는 스트레스 호르몬인 코르티솔을 억제하며 전두엽을 활성화할 뿐 아니라 행복 호르몬이라 불리는 세로토닌의 분비를 늘리는 효과가 있다고 보고되었다.

| 워킹메모리를 훈련하는 과학적 방법 |

1   7시간 이상 잠자기

2   조금 빠른 걸음으로 걷는 등 유산소운동하기

3   자연 속에서 운동하기

4   독서하기

5   암기 등을 통해 의식적으로 기억력 사용하기

6   암산하기

7   보드게임으로 인지 훈련하기

8   요리로 순서에 따라 작업하는 능력 키우기

9   마인드풀니스로 지금 이 순간에 집중하기

브레인스토밍은
걸으면서 한다

● 뇌는
멀티태스킹을 못 한다

워킹메모리의 기능을 향상시키기 위해서는 꾸준한 노력이
필요하다. 운동이나 독서 등 다양한 방법으로 워킹메모리를 훈
련할 수 있지만 짧은 시간 안에 워킹메모리의 용량을 눈에 띄게
높이기란 그리 쉽지 않다.

입력 실수를 줄이기 위해 당장 해결해야 할 문제는 지금 자신이 가진

워킹메모리를 최대한 효율적으로 쓰는 것이다. 즉, 뇌에 부하를 주지 않고 뇌가 본래 지닌 능력을 효율적으로 활용해야 한다.

이를 위해 가장 주의할 점은 멀티태스킹(동시에 여러 가지 일을 하는 것)을 하지 않는 것이다. 업무 관계자에게 메일을 쓰면서 중요한 단골 거래처와 전화 통화를 하거나, 기획서를 쓰면서 중요한 프로젝트 진행 상황에 대한 부하 직원의 보고를 듣는 등 복수의 일을 동시에 진행하는 행위를 말한다.

요즘에는 컴퓨터 성능이 좋아져서 이런 경우가 거의 사라졌지만, 예전에는 프로그램을 3개만 작동시켜도 컴퓨터의 처리 속도가 느려지고 4개째 프로그램을 작동시키면 화면이 멈춰버리는 일이 잦았다.

이와 비슷한 현상이 우리 뇌에서도 일어난다. 한 번에 여러 가지 일을 하려고 하면 뇌의 처리 속도가 느려지고 오히려 작업 시간이 더 걸린다. 또 뇌의 정보 처리 허용치를 넘는 순간 실수를 저지르고 만다.

예를 들면 텔레비전을 보면서 공부를 한다고 하자. 이는 텔레비전 보기와 공부라는 행위를 동시에 진행하는 것이 아니라 놀라운 속도로 머릿속 스위치를 바꿔가며 두 개의 일을 따로따로 처리하고 있을 뿐이다. 이처럼 머릿속 스위치를 바꿔가며 작업하기를 반복하면 뇌에 심한 부하가 걸리는 동시에 뇌의 처리 능력도 떨어진다.

최근 뇌과학 연구를 통해 인간의 뇌는 멀티태스킹을 할 수 없다는 사실이 밝혀졌다. 런던대학교의 연구에 따르면 작업 중에 메일이나 전화를 확인하는 등의 멀티태스킹을 할 경우 지능지수IQ가 10 정도 떨어진다고 한다. 이 수치는 마리화나를 흡입했을 때의 약 2배에 달하는 결과라고 보고되었다.

멀티태스킹을 지속하면 스트레스 호르몬인 코르티솔이 분비된다는 연구 결과도 있다. 코르티솔은 뇌에서 기억을 관장하는 해마에 심각한 악영향을 미치며 기억장애를 일으키는 원인이 되기도 한다.

오랜 기간 동안 코르티솔이 활발하게 분비되면 해마가 위축된다. 또한 코르티솔이 늘어나면 부주의해지기 쉽고 깜박하는 실수를 저지를 수 있다.

또 다른 연구에 따르면 하나의 과제에 몰입하지 않으면 과제를 완료하는 데 걸리는 시간이 50% 늘어난다고 한다. 실수를 일으킬 확률도 최대 50% 높아진다. 심지어 비슷한 작업 두 가지를 동시에 하면 작업 효율은 80~95%까지 떨어진다는 연구 결과도 있다.

멀티태스킹을 하면 두 가지 일을 따로따로 처리할 때보다 시간이 더 걸린다. 게다가 오류나 실수를 저지를 확률이 1.5배나 높아진다.

우리는 평소에 일을 빨리 끝내려고, 혹은 효율적이라고 생각해서 무의식중에 멀티태스킹을 한다. 그러나 멀티태스킹을 하면 일이 빨리 끝나기는커녕 오히려 시간이 더 걸린다. 멀티태스킹은 시간을 낭비하는 행위일 뿐이다.

뇌에 부하가 걸리는 멀티태스킹은 그 자체가 실수를 일으키는 중대한 원인이며 동시에 코르티솔을 분비시켜 뇌 피로를 유발하기도 한다.

여러 가지 일을 동시에 하지 않고 하나하나 순서대로 처리하는 것이 가장 효율이 좋으며 실수를 줄이는 방법이다.

음악을 들으면 능률이 올라간다?

멀티태스킹이 일의 효율을 떨어뜨린다고 말하면 "음악을 들으면서 일을 하는 것도 안 됩니까?"라는 질문을 꼭 받는다. 음악을 들으면서 일하면 집중이 잘된다거나 공부할 때는 꼭 음악을 틀어놓는다는 사람이 의외로 많다.

일과 음악의 관계를 다룬 약 200편의 논문을 분석한 연구가 있다. 이에 따르면 음악을 들으면 일이 잘된다는 연구 결과와 음악을 들으면 일에 방해가 된다는 연구 결과의 수가 거의 비슷하다고 한다.

하지만 연구 내용을 자세히 살펴보면 기억력, 독해력이 요구되는 일에는 음악이 마이너스로 작용했다. 특히 가사가 있는 음악은 뇌에 언어 정보로 인식되어, 학습, 기억, 독해와 관련된 작업을 할 때는 같은 언어끼리 서로 부딪치기 때문에 언어 기능을 방해할 가능성이 크다고 나왔다.

다만, 운동을 하거나 기분 전환을 하거나 신체 작업의 속도를 올리는 데 있어서는 플러스로 작용하는 경우가 많았다. 반복되는 작업을 하는 현장에서는 음악을 트는 쪽이 오히려 효율이 높았다. 외과의 중에서도 수술할 때 자신이 좋아하는 음악을 틀어놓으면 집중이 잘된다고 말하기도 한다. 이는 수술이 집중력을 요할 뿐 아니라 손과 몸을 쓰는 작업이기 때문이다. 손이나 몸을 쓰는 작업, 혹은 운동을 할 때는 음악이 플러스로 작용한다.

음악은 학습, 기억, 독해 등에는 마이너스로, 신체 작업, 반복 작업, 운동 등에는 플러스로 작용한다. 어떤 성격의 일이냐에 따라서 음악의 효용은 달라진다.

듀얼태스킹으로
능률을 올리는 법

여러 가지 일을 동시에 진행하는 멀티태스킹은 뇌에 나쁘다고 말했지만 예외가 있다. 유산소운동과 뇌 트레이닝을 동시에 진행하는 듀얼태스킹은 뇌를 훈련하는 데 매우 효과적이다. 최근 들어 정신건강의학과 의사들 사이에서 이를 적용한 듀얼태스킹이 주목받고 있다. 듀얼태스킹은 특히 치매 환자 혹은 미래에 치매 발병이 우려되는 경도인지장애를 앓고 있는 환자에게 매우 효과적인 훈련법이다.

구체적으로는 러닝머신에서 뛰거나 계단 오르내리기를 하면서 100부터 3씩 뺄셈을 하는 방법, 러닝머신 위를 걸으면서 두세 명이 함께 끝말잇기를 하는 방법 등이 있다.

듀얼태스킹을 할 때는 뇌 트레이닝 과제가 너무 어렵지 않아야 하며, 운동량 역시 조금 힘들다고 느끼는 정도여야 효과가 높다.

일본 국립장수연구센터에서는 경도인지장애를 앓고 있는 100명을 대상으로, 운동을 하면서 머리를 쓰는 그룹과 건강 강좌만 듣는 그룹으로 나누어 반년간 관찰했다. 그 결과 운동을 하면서 머리를 쓴 그룹은 더 이상 뇌가 위축되지 않았고 기억력이 향상되었다.

일본 오이타현 우사시에서는 2003년부터 치매 예방 운동인 '아지무 프로젝트'를 통해 참가자에게 듀얼태스킹 능력을 높여주는 활동을 정기적으로 시행했다. 그 결과 참가자의 90%가 뇌 혈류량이 증가했고 경도인지장애가 치유되어 정상으로 돌아왔다. 특히 경도인지장애에서 치매로 진행되는 비율이 비교집단의 5분의 1에 그쳐 매우 높은 치매 예방 효과를 보여주었다.

운동과 인지 과제를 결합한 듀얼태스킹을 하면 전두엽의 혈류량이 늘어난다. 전두엽은 집중력 그리고 앞서 말한 워킹메모리와도 관련 있는 뇌 기관이다.

따라서 듀얼태스킹을 통한 트레이닝은 치매나 경도인지장애를 앓는 사람만이 아니라 건강한 일반인에게도 효과적인 뇌 훈련법이다.

헬스클럽에서 러닝머신을 이용해 운동하는 사람 중에는 스마트폰으로 음악을 듣거나 TV를 보는 사람이 많은데 건강한 뇌를 만들려면 차라리 영어 회화 강의를 듣는 편이 좋다.

최근에는 산책하면서 회의를 하는 회사도 있다고 한다. 걸으면서 생각하면 좋은 아이디어가 떠오를 확률이 높다는 점도 잘 알려진 사실이다.

나는 종종 헬스클럽에서 러닝머신 위를 걸으며 원고 확인을 하는데 능률도 매우 좋고 책상 앞에서는 나오지 않던 번뜩이는 생각이 떠오르기도 한다.

30~60분 정도 걷거나 뛰는 운동을 하는 사람은 많을 것이다. 단순히 운동을 하기만 해도 뇌 훈련 효과를 얻을 수 있지만 여기에 가볍게 머리를 쓰는 인지 과제를 같이하면 그 효과는 더욱 커진다. 듀얼태스킹을 통한 뇌 트레이닝을 꼭 활용해보자.

뇌를 정보의 쓰레기통으로 만들지 마라

● 스마트폰에서 얻은 정보는
기억에 남지 않는다

전철에서는 많은 사람이 스마트폰을 보고 있다. 특히 밤에는 10명 중 10명 모두 스마트폰에 빠져 있는 모습을 발견하기도 한다. 걸으면서 스마트폰을 하는 사람도 쉽게 눈에 띈다. 이처럼 하루에 몇 시간이나 스마트폰을 사용하면, 우리 뇌에는 얼마나 많은 양의 정보가 입력될까?

잠시 실험을 해보자. 최근 일주일 동안 스마트폰을 사용해서 얻은 정보를 떠오르는 대로 종이에 적어보자. 뉴스 사이트에서 본 기사, 블로그나 SNS를 통해 본 정보 등을 생각나는 대로 적어보자.

자, 몇 개나 적었는가? 아마도 거의 기억나지 않을 것이다. 3~5개 정도 떠오르는 게 고작이다.

매일 3시간 정도 스마트폰을 사용하면서 기억에 남는 정보가 일주일 동안 3개밖에 없다면 7시간 동안 1개의 정보를 얻고 있는 셈이다. 이렇게나 효율이 떨어지는 정보 수집법은 스마트폰 외에는 없다.

반면 일주일 전에 읽은 책이나 시청한 텔레비전 프로그램, 영화의 내용은 꽤 상세하게 기억하고 있지 않은가.

스마트폰으로 일주일 전에 얻은 정보 중 3개만 기억이 난다면 한 달이 지난 후에는 머릿속에 아무것도 남지 않을 것임은 당연하다.

많은 사람이 스마트폰을 유익한 정보 수집 도구라고 생각한다. 하지만 어지간히 잘 사용하지 않는 이상, 스마트폰이야말로 시간을 낭비하는 도구에 지나지 않는다.

스마트폰으로 얻은 정보는 왜 기억에 거의 남지 않을까.

그것은 우리들이 정보를 수집하는 데 너무 욕심을 부리기 때문이다. 스마트폰을 사용할 때면 뉴스 사이트에서 블로그 등으로 쉴 새 없이 옮겨 다니며 정보를 얻는다. 그러고는 많은 정보를 뇌에 집어넣고 만족해한다.

하지만 계산대가 3개뿐인 편의점에 100명의 손님이 밀려오면 처리 불능 상태에 빠지듯, 당신의 워킹메모리도 이미 한참 전에 가득 차버린 상태다. 그것도 모르고 당신은 정보 수집을 하고 있다고 생각하지만, 더 이상 머릿속으로 정보가 들어오지 않는다. 한쪽 귀로 듣고 한쪽 귀로 흘리듯 정보는 그저 머릿속에서 잠깐 머물렀다가 빠져나가 버린다. 결국 기억에는 아무것도 남지 않는 것이다.

그뿐 아니라 지나친 스마트폰 사용은 뇌를 피곤하게 만든다. 스마트폰을 쓰면 쓸수록 뇌가 피곤해져서 실수하기 쉬워진다는 뜻이다.

오쿠무라 아유미가 쓴 책《그 건망증은 스마트폰 치매였다》에 따르면, 지나친 스마트폰 사용으로 물건을 잃어버리거나 깜박하는 실수를 저지르는 스마트폰 치매에 걸리는 30~50대가 급격히 늘어났다고 한다.

스마트폰 치매는 과도한 정보 입력으로 인해 뇌에 있는 정보를 쉽게 꺼낼 수 없는 상태를 말한다. 이때 뇌는 정보의 쓰레기통과 같다. 기억력이 떨어지는 것은 물론이고 사고력, 판단력, 집중력, 감정 조절 능력, 워킹메모리 등 수많은 뇌 기능이 떨어진다. 스마트폰으로는 쉽게 검색해서 무엇이든지 알 수 있기 때문에 스스로 생각할 기회가 사라지고 뇌의 기억력을 사용하지 않는다. 결국 뇌의 생각하는 기능과 기억하는 기능이 점점 퇴화된다.

앞서 누구든지 나이에 상관없이 뇌를 훈련할 수 있다고 말했는데 스마트폰을 지나치게 많이 사용하면 뇌를 훈련하기는커녕 정반대로 뇌가 퇴화할 위험이 있다. 실제로 30~50대에 스마트폰 치매에 걸린 사람은 20~30년 후 알츠하이머와 같은 진짜 치매에 걸릴 가능성이 높다.

지나친 스마트폰 사용은 집중력을 떨어뜨리고, 워킹메모리 기능을 저하시키며, 뇌를 피곤하게 만들고, 치매의 원인이 되는 등 여러 가지 나쁜 결과를 가져온다. 결론적으로 실수를 일으키는 4대 원인 모두에 악영향을 미친다.

일본 센다이시 교육위원회와 도호쿠대학교에서 실시한 '학습 의욕의 과학적 연구를 위한 프로젝트'에 따르면 스마트폰 사용 시간이 1시간 늘어날 때마다 수학과 산수 성적이 약 5점씩 떨어진다는 결과가 나왔다. 연구 결과만 보면 스마트폰을 사용하는 시간이 길어지면 상대적으로 공부하는 시간이 줄기 때문에 성적이 떨어진다고 생각하기 쉽지만 그렇지 않다.

연구에서는 학생들의 공부 시간을 30분 미만, 30분 이상에서 2시간 미만, 2시간 이상, 이렇게 3그룹으로 나누어 분석했다. 그런데 공부 시간이 같은 그룹 안에서도 스마트폰 사용 시간이 늘어날수록 학생들의 성적은 떨어졌다.

더불어 모바일 SNS 이용과 성적의 상관관계를 조사한 결과, SNS를 자주 하는 학생일수록 성적이 심각하게 떨어진다는 결과가 나왔다.

흥미로운 사실은 공부 시간이 2시간 이상인 그룹일지라도 SNS를 4시간 이상 이용하는 학생의 성적은 현저히 낮았다는 점이다. 2시간 이상 공부하면서 4시간 이상 SNS를 이용한 학생의 점수는 49점이었는데, 공부 시간은 30분 미만이었지만 SNS를 하지 않는 학생의 평균 점수는 59점이었다. SNS를 하지 않는 학생은 공부 시간이 짧더라도 성적은 10점이나 높았다.

요약하자면 스마트폰이나 SNS를 지나치게 하면 공부를 열심히 해도 효과가 없다는 것이다.

이 연구의 감수자이자 일본에서 뇌 트레이닝 일인자이기도 한 가와시마 류타 교수는 텔레비전 시청이나 게임을 오랫동안 하면 그 후 30분에서 1시간 정도 전두엽의 기능이 떨어진 상태가 지속되는데, 스마트폰을 장시간 사용해도 전두엽의 기능이 떨어지기 쉽다고 말한다. 전두엽의 기능이 떨어지면 아무리 열심히 공부해도 학습 효과를 얻을 수 없다는 사실이 이 실험 결과를 통해 밝혀진 것이다.

시간을 정해두고 쓰자

스마트폰은 뇌에 좋지 않으므로 절대 사용해서는 안 된다는 말이 아니다.

앞서 소개한 스마트폰과 학습 성취도에 관한 연구에서 스마트폰을 전혀 사용하지 않는 학생과 1시간 미만 사용하는 학생을 비교해본 결과는 또 달랐다. 놀랍게도 1시간 미만 사용하는 학생의 성적이 2~5점 더 높았다.

시간을 정해서 효과적으로 사용하면 스마트폰은 일을 빨리, 또 효율적으로 처리하는 데 도움을 준다. 이용 시간은 1시간 이하가 적당하다.

손글씨는 기억을 남긴다

쓰기는
뇌의 사령탑을 활성화한다

입력 실수를 전혀 하지 않을 수 있는 방법이 있다.

이야기를 듣는 순간 그 내용을 정확하게 기록하면 된다.

　다른 사람이 한 말을 3초 후에 반복해서 말해보자. 누구나 쉽게 할 수 있을 것이다. 하지만 30초 후가 되면 내용이 어딘가 빠진 곳이 생기며 3분 후에는 기억이 희미해진다. 30분이 지나면 내용을 거의 잊어버릴지도 모른다.

인간의 기억이란 애매하고 불확실하며 시간이 지날수록 불확실성은 점점 커진다. 따라서 정보를 들은 직후가 가장 정확하게 기억할 확률이 높으므로 이때 잘 적어두어야 한다. 이처럼 기록하는 작업을 꼼꼼히 해두면 입력 실수를 거의 제로에 가깝게 줄일 수 있다.

그렇다면 메모가 실수를 줄여준다는 뇌과학적 근거는 무엇일까?

메모를 해두면 나중에 내용을 다시 확인할 수 있다. 물론 이것도 맞는 말이다. 하지만 메모에는 더 중요한 효용성이 있다.

메모를 하면 집중력이 올라가서 정보를 듣는 순간 잘못 들을 가능성이 줄어든다. 게다가 기억력도 올라가기 때문에 굳이 메모를 다시 보지 않아도 메모에 적힌 내용을 오랜 시간 동안 기억할 확률이 높아진다.

메모만 해도 집중력이 올라간다는 말에 많은 분이 놀랄지도 모르겠다. 이는 쓰기로 인해 뇌간의 망상활성계RAS가 자극받기 때문이다. RAS란 뇌에서 주의력을 관장하는 사령탑이다. RAS는 노르아드레날린, 세로토닌, 아세틸콜린과 같은 신경전달물질을 대뇌피질(대뇌겉질) 전체에 분비시켜 집중도와 각성도를 조절한다. 쉽게 말해 RAS는 전국으로 뻗어 나가는 수많은 기차의 출발역인 셈이다. 그만큼 우리 뇌에서 매우 중요한 부분이다.

RAS는 우리가 처리해야 할 방대한 정보 중 적극적으로 주의를 기울여야 하는 것과 그렇지 않은 것을 구별해주는 필터 역할을 한다. 예를 들어 "다음 회의 일정은 9월 20일 14시"라고 메모하면 RAS는 자극받는다. RAS는 '회의 일정은 중요한 정보이기 때문에 주의를 기울여야 한다!'라는 지령을 뇌 전체에 전달한다. '9월 20일 14시'는 뇌에서 중요한 정보로 인식되어 다른 정보에 비해 기억이 더 잘 남는다.

기자가 취재를 할 때 상대방의 말을 들으면서 수첩에 중요한 단어를 재빠르게 써 내려가는 모습을 자주 본다. 기자라면 취재할 때 당연히 녹음기를 켜놓을 것이다. 게다가 인터뷰라면 카메라로 영상 촬영도 한다. 정확하게 기록하는 면에서만 보면 손으로 쓴 메모보다 녹음기나 카메라의 기능이 훨씬 뛰어나다. 그런데도 기자는 손으로 쓰는 메모를 중요시한다.

이는 기록한다는 행위보다 집중력을 올린다는 목적이 크기 때문이라고 생각한다. 아마도 기자들은 메모하면서 손을 움직이는 것이 뇌를 활성화시켜 기억이 더 잘된다는 것을 경험적으로 체득한 것이리라. 그래서 디지털 기록 장치가 발달한 요즘에도 수첩을 들고 다니며, 수기를 고집하는 것 아닐까.

쓰기만 해도 집중력과 기억력이 올라가서 입력 실수가 줄어든다. 그러므로 중요한 일, 틀리면 안 되는 일, 잊어버려서는 안 되는 일을 구분하고 듣는 즉시 곧바로 메모하는 습관을 들여야 한다.

타이핑보다
손글씨가 좋다

쓰기는 집중력을 올려주고 기억에 잘 남도록 도와준다. 따라서 실수를 줄여준다. 세미나에서 이 이야기를 하면 다음과 같은 질문이 반드시 따라온다.

"디지털 기기에 타이핑하는 것도 필기랑 같은 효과를 얻을 수 있나요?"

요즘에는 스마트폰 앱으로 메모를 하는 사람이 많아서 궁금할 것이다.

이에 관한 매우 흥미로운 연구 결과가 있다. 미국의 프린스턴 대학교와 캘리포니아대학교 로스앤젤레스 캠퍼스UCLA에서 대학생을 대상으로 공동연구를 진행했다. 평소에 강의를 손으로 필기하는 학생과 노트북이나 태블릿으로 타이핑하는 학생의 성적과 학습력을 비교해보았다. 그 결과 손으로 필기하는 학생이 훨씬 좋은 성적을 받았을 뿐 아니라, 오랜 시간 동안 학습 내용을 기억하고 이를 토대로 새로운 아이디어를 잘 내는 경향이 있음이 밝혀졌다.

이외에도 노르웨이의 스타방에르대학교와 프랑스 마르세유대학교에서 진행한 공동연구에 따르면 내용을 손으로 쓰는 것이 타이핑하는 것보다 더 오래 기억한다는 사실이 밝혀졌다.

연구진은 실험에 참여한 학생들을 손으로 쓰는 그룹과 타이핑하는 그룹으로 나누었다. 그리고 학생들에게 20개의 알파벳 문자열을 암기하도록 했다. 3주와 6주 경과 후에 학생들이 알파벳 문자열을 얼마나 기억하고 있는지 시험한 결과 손으로 쓴 학생들이 높은 성적을 받았다.

또한 손으로 쓸 때와 타이핑할 때 뇌의 움직임을 MRI로 촬영해보니 손으로 쓸 때만 뇌의 브로카 영역이 활성화됐다. 브로카 영역이란 뇌에서 언어 처리에 관여하는 부위로 언어의 생성 및 표현, 구사 능력을 담당한다. 다시 말해, 타이핑으로 내용을 메모하면 손으로 쓰는 것에 비해서 언어를 처리하는 브로카 영역이 활성화되지 않는다는 뜻이다.

이와 같은 연구 결과를 보면 손으로 쓰는 것이 타이핑해서 입력하는 것보다 뇌를 더욱 활성화시켜 기억력을 높여준다는 점을 알 수 있다. 결론적으로 말하면 메모를 할 때는 디지털 기기를 사용하기보다 손으로 쓰는 쪽이 효과가 높다. 실수하지 않기 위해 메모를 한다는 의미에서도 손으로 쓰기를 추천한다.

한곳에 모아 적자

"구글 달력을 사용하고 있어서 이제 와서 수첩에 손으로 적는 아날로그 방식으로 바꾸기는 어렵다"는 사람도 있다. 구글 달력은 컴퓨터와 스마트폰이 연동될 수 있어서 어떤 기기를 통해 쓰든지 사용자가 입력한 스케줄을 모아서 볼 수 있다. 여러 사람이 함께 스케줄을 공유할 수도 있어서 편리하다. 이처럼 디지털 기기에 익숙한 사람에게 손으로 쓰라고 강요하기는 어렵다.

어떤 방법으로 정보를 기록하든 상관없지만 반드시 지켜주었으면 하는 원칙이 있다. 바로 여러 곳에 다양한 정보를 분산해서 입력하면 안 된다는 점이다.

× 개인적인 일은 이 앱에 적어두고, 업무에 관련된 사항은 다른 앱을 쓰자.

× 일에 관한 내용이라도 프로젝트별로 나눠서 달력에 써두는 편이 좋지 않을까.

이처럼 여러 종류의 스케줄 관리 프로그램을 사용하는 사람도 있다. 하지만 기록하는 장소가 분산되면 놓치거나 실수하는 일이 무조건 생긴다.

아날로그 수첩이든 스케줄 관리 앱이든 무엇을 써도 좋다. 다만 어느 쪽이든 반드시 한곳에 몰아서 인풋을 일원화해 메모나 스케줄 관리를 해야 한다.

보여주기식 빽빽한 필기는
오히려 낭비

과한 메모는
학습 능률을 낮춘다

나는 한 달에 몇 차례 세미나나 강연회를 연다. 수강생 중에는 엄청난 기세로 강연 내용을 받아쓰는 사람이 꼭 있다. 나의 이야기를 한마디도 놓치지 않겠다는 결연한 의지를 내뿜으며 열정적으로 강연 내용을 옮겨 적기 바쁘다.

강연이 끝나고 질의응답 시간에 손을 드는 수강생이 없자, 나는 열심히 메모하던 수강생을 지목해 "질문 없나요?" 하고 직접 물어보았다. 그토록 필사적으로 꼼꼼하게 메모를 했으니 수준 높은 질문을 해오지 않을까, 하는 기대도 있었다. 맹렬하게 메모하던 분은 말했다.

"네, 없습니다."

나는 기운이 빠졌다. 그렇게 열성적으로 메모했는데 질문이 하나도 없다니…. 질문이 없다는 말은 배운 게 없다는 말과 같다. 무언가를 배웠다면 그에 따른 의문이나 질문이 나오기 마련이다.

이런 분은 어떤 강연장에서든 볼 수 있다. 가끔 뒷풀이가 있을 때 이분들과 직접 이야기를 나눠보면 세미나 내용을 잘 이해하지 못하는 경우가 많았다.

회사에도 회의 시간에 한마디도 흘려듣지 않겠다는 듯이 필사적으로 메모를 하는 사람이 있다. 그런 사람들을 살펴보면 핵심에서 벗어난 말을 하거나 말꼬리를 잡으며 상사의 말뜻을 제대로 이해하지 못하는 경우가 많다.

- ✕ 분명히 들었는데 기억이 안 난다.
- ✕ 제대로 들었다고 생각했는데 잘못 이해했다.
- ✕ 표면적으로만 이해했을 뿐 본질은 이해하지 못했다.

이러한 예는 우리가 저지르는 입력 실수 중 매우 흔한 유형
이다.

욕심부리면
아무것도 얻지 못한다

배울 때 듣는 모든 내용을 하나도 빠짐없이 메모하려고 욕심을 부리
면 배우는 내용은 오히려 줄어든다. 왜 메모를 많이 할수록 배우는
내용은 줄어들고 이해도는 낮아질까.

첫 번째 이유는 뇌가 필기하는 데 워킹메모리를 다 써버리기
때문이다. 뇌의 용량 대부분을 쓰기에 소비하는 탓에 학습이나
이해, 사고에 나눠줄 여력이 없는 것이다. 그저 강의 내용을 받
아쓰는 필기 기계가 되는 셈이다. 그러니 무언가를 머릿속에 입
력하거나 배울 때는 욕심을 부리지 않아야 한다.

앞서 예로 든 편의점을 생각해보자. 한 번에 100명의 손님이
몰려온다면 4개의 계산대로 처리한다고 해도 기다리는 사람의
줄이 너무 길어 가게 안은 난장판이 될 것이다.

인간의 뇌가 한 번에 처리할 수 있는 정보량에는 한계가 있

다. 한계를 넘어서면 뇌에는 정체 현상이 일어난다. 정보가 뇌에 전혀 입력되지 못하는 것이다. 하나도 빠짐없이 다 듣겠다고 벼를수록 뇌의 병목 현상은 심해지고 아무것도 입력하지 못하는 상태에 빠진다.

이 상태에서는 들었던 내용이 전혀 머릿속에 들어오지 않기 때문에 핵심 내용을 파악하지 못하고, 전체적인 맥락을 모르기 때문에 나중에 아무것도 기억나지 않는 상황이 발생한다. 다시 말해 심각한 입력 실수를 저지르고 만다.

핵심만 받아쓰기

지나친 메모가 기억력에 방해가 되는 두 번째 이유는 뇌가 높은 집중력을 유지하는 시간이 정해져 있기 때문이다. 고도의 집중력이 유지되는 시간은 15분이다.

앞서 말했듯이 쓰기는 집중력을 관장하는 사령탑인 RAS를 자극하지만 이 상태가 몇 십 분 동안 계속되면 우리의 뇌는 지쳐버린다. 뇌간의 RAS가 지치면 부주의한 상태, 즉 집중력이 떨어진 상태가 된다. 오래 기억하기 위해 쓰는 것인데 이것저것 가리지 않고 쓰다 보니 오히려 집중력을 잃고 인풋이 안 되는 상태에 빠지는 것이다.

다른 사람의 이야기를 들을 때, 상대방이 하는 모든 말을 기록하고 기억하기란 불가능하다. 그런데 이처럼 불가능한 일을 해내려는 욕심쟁이들이 많다. 무리해서 너무 많은 내용을 메모하면 뇌를 필요 이상으로 혹사해 뇌 피로 상태가 된다.

나중에 메모를 보면 알 수 있지 않느냐고 할 수도 있을 것이다. 하지만 다시 메모를 확인하는 경우는 많지 않다. 또한 앞서 이야기했듯 과도한 메모로 뇌 피로 상태가 되면, 잘못된 내용을 쓰거나 핵심을 파악하지 못해 오히려 입력 실수를 일으킬 수 있다.

따라서 메모를 할 때는 중요한 포인트만 받아쓰는 자세가 필요하다. 중요한 포인트란 일시, 장소, 마감 기한 등 틀리면 나중에 큰 문제가 될 만한 사항을 말한다.

다른 사람의 이야기를 들을 때는 완급을 조절하면서 경청하자. 때로는 중요하지 않은 부분을 흘려듣는 자세도 필요하다. 자신이 알고 싶거나 듣고 싶은 내용, 혹은 상대방이 전하고자 하는 중요한 부분만 가려서 메모하면 집중력이 높아지고 기억에 잘 남는다. 이것저것 모두 받아 적는 습관은 꼭 고치길 바란다.

필요한 것만 딱,
3포인트 공부법

● 목표를
  정해서 공부하자

 너무 욕심을 부리면 결국 아무것도 얻지 못한다고 말했다. 그렇다

면 어느 정도 욕심을 부려야 가장 좋을까?

 세미나나 강연을 할 때면 나눠주는 설문지가 있다. 설문지 맨

윗줄에는 "오늘 배우고 싶은 것 3가지를 써주세요"라고 쓰여 있

다. 설문지는 강연이 시작되기 전에 1분 정도 시간을 들여 작성

하게끔 하는데 이렇게 하면 공부의 효율이 극대화된다.

설문지의 다음 항목은 "오늘 배운 것 3가지를 써주세요"로 이어진다. 참가자 대부분이 강연이 끝나면 배운 것 3가지를 또박또박 자신만의 언어로 써 나간다.

내가 3포인트 설문지를 사용하기 전에는 단순하게 "오늘 배우고 싶은 것을 써주세요" "오늘 배운 것을 써주세요"라는 표현을 사용했다. 하지만 수강생의 반응은 좋지 않았다. 하나도 제대로 써주지 않았을 뿐더러 설문지를 제출하는 비율 자체가 낮았다. 그래서 어떻게 하면 좀 더 많은 사람이 설문지를 쉽게 쓸수 있을까를 고민했고 수많은 시행착오 끝에 3포인트 설문지를 만들어냈다.

세미나나 강연에서는 3개만 배워 가자는 자세로 들으면 학습 효과가 극대화된다.

전작인 《신의 시간술》 출판 기념 강연회에 참가한 한 독자는 "오늘 배우고 싶은 것 3가지를 써주세요"라는 질문에 아래와 같은 3가지 목적을 썼다.

① 시간을 좀 더 효율적으로 사용하는 노하우를 알고 싶다.
② 시간만 줄이는 것이 아니라 업무의 질을 올리는 방법도 알고 싶다.

③ 가족과 보내는 시간을 늘리고 싶다.

이 독자처럼 강연을 듣는 3가지 목적을 적어두면 강연자가 자신의 목적에 맞는 내용을 말하기 시작할 때 '아, 내가 알고 싶어 했던 내용이야!' 하며 강연에 집중한다. 그러면 강연 내용을 더 깊이 이해하고 오래 기억할 수 있다. 결국 3가지는 확실히 배우고 돌아갈 수 있다.

세 가지만 기억하면 능률이 올라간다

2~3시간 이어지는 강연에서 처음부터 끝까지 높은 집중력을 유지하기란 어렵다. 한마디 한마디 놓치지 않겠다는 생각은 처음부터 끝까지 집중력을 최대로 유지한 채 듣겠다는 이야기와 같다. 이는 애초에 불가능한 일이다. 강연 내용을 전부 배워 가자고 생각하다 보면, 강연 후반에 가면 뇌는 피곤해지고 집중력은 떨어져 핵심 포인트를 놓치는 상황에 빠져버린다.

앞에서 말했듯이 머릿속 계산대는 3개다. 인간은 동시에 최대 3개까지만 생각할 수 있다. 이보다 많은 것에 주의를 기울이면 워킹메모리의 용량이 초과되어 실수가 일어난다. 3개의 포인트만을 염두에 두고 이야기를 듣는 자세가 뇌과학적으로도 이치에 맞는다.

오늘 강연에서 '전부 배워 가겠다' '10개는 배워서 가자'라고 욕심을 부릴수록 뇌는 기능 정지를 일으킨다. 딱 3개만 배워 가자는 자세가 학습 효율을 극대화하며 뇌에서 입력 정체를 일으키지 않는다. 이것이 중요한 내용을 놓치거나 입력 실수를 하지 않는 공부법이다.

젊은 뇌를 유지하는
어른의 공부

자격시험을 준비하면
뇌가 단련된다

직장인이 뇌를 최대로 활용하는 습관을 들이거나 워킹메모리,
기억력, 집중력을 향상하는 훈련을 하고 싶다면 자격증 따기를 적극 추
천한다.

나는 최근 3년간 위스키 검정 2급, 위스키 검정 1급, 위스키
검정 싱글몰트급, 위스키 엑스퍼트, 위스키 프로페셔널 등 5개

의 위스키 관련 자격증을 땄다. 요즘 위스키가 유행이기도 하고 옛날부터 위스키를 좋아했기 때문에 처음에는 호기심으로 시험에 응시하기 시작했다. 검정 2급에 합격하고 나니 재미가 붙어서 점점 어려운 시험에 도전했다. 결국에는 위스키 자격시험 중 가장 어렵다는 위스키 프로페셔널까지 따냈다.

위스키 프로페셔널은 와인 소믈리에처럼 위스키를 전문적으로 서비스할 수 있는 자격을 가진다. 필기시험뿐 아니라 맛을 보고 종류를 구별하는 테이스팅 시험도 있다. 일본에서는 200명 정도밖에 합격자가 없을 만큼 어려운 자격시험이다.

위스키 프로페셔널 시험을 볼 때, 공부는 1개월 전부터 시작했다. 시험 1주 전에는 하루에 6시간, 마지막 3일 동안은 하루에 12시간씩 공부했다. 암기 공부를 하루에 12시간이나 한 것은 대학 졸업 이래 처음이었다. 25년만의 일이었다.

위스키 자격증을 따면 뭐가 좋으냐고 묻는다면 사실 직접적으로 도움이 되는 일은 없다. 그러나 몇 년에 걸쳐 공부를 해오면서 커다란 변화를 느꼈다.

바로 머리가 좋아졌다는 사실이다. IQ 검사를 하지는 않았으므로 어디까지나 주관적인 느낌이지만, 시험공부를 하기 전과 비교해서 확실히 머리 회전이 빨라졌고 집중력 유지 시간도 길어졌으며 기억력도 좋아졌다.

정말이냐고 의심하는 사람도 있겠지만 나의 성장은 책 판매 부수가 증명해준다. 나는 자격증을 따기 전까지 총 20권의 책을 집필했지만 최대 판매 부수는 3만 부에 그쳤다. 그런데 2014년 12월 위스키 검정 2급을 딴 직후에 쓰기 시작해 2016년에 출간한 《나는 한 번 읽은 책은 절대 잊어버리지 않는다》는, 나의 최고 기록을 크게 웃돈 15만 부가 팔려 베스트셀러에 올랐다. 게다가 이후에 출간한 《당신의 뇌는 최적화를 원한다》《신의 시간술》도 연속해서 베스트셀러가 되었다.

《나는 한 번 읽은 책은 절대 잊어버리지 않는다》를 기준으로 이전의 책과 이후의 책을 비교해서 읽어보면 그 차이가 매우 분명하다. 문장의 수준, 책으로서의 완성도가 확 올라갔다.

짧은 시간 동안 내가 비약적으로 성장한 이유를 나름대로 분석해보면 몇 년에 걸쳐 위스키 자격시험을 준비하며 주기적으로 최선을 다해 공부한 것이 가장 큰 요인이 아닐까 싶다. 공부를 통해 집중력이 높아졌고 머리가 똑똑해졌는데, 그 상태로 책을 쓰니 이해하기 쉽고 내용도 깊어진 것이다. 그렇게 만들진 책들은 모두 베스트셀러가 되었다.

솔직히 말하면 나는 원래 검정시험이나 자격시험을 무시했다. '말만 검정시험이지 주최 측의 돈벌이일 뿐이잖아. 유학 갈 일도 없는데 토익 시험은 봐서 어디에다 쓰겠어'라고 생각했다.

그러나 내가 직접 자격시험을 치러보니 자격증 자체는 쓸모가 없더라도 시험공부를 통해 뇌를 트레이닝하는 효과를 얻을 수 있었다. 그런 과정에서 뇌가 비약적으로 활성화된다는 점을 실감했다. 요즘에는 누구를 만나든 검정시험이나 자격시험을 적극적으로 추천할 정도다.

특히 40~50대 이상의 분들에게는 기억력과 집중력이 떨어졌다고 느낀다면, 검정시험이나 자격시험을 치르는 어른의 공부를 꼭 권하고 싶다.

암기로
치매를 예방하자

한 연구 결과에 따르면 어른의 공부는 워킹메모리를 단련시켜준다고 한다. 그중에서도 특히 외국어 공부는 단어나 문장을 어느 정도는 외워야 하기 때문에 워킹메모리를 매우 적극적으로 사용할 수 있다. 그야말로 좋은 워킹메모리 훈련법이다.

40세가 넘으면 머리가 나빠지고 있음을 체감한다. 물건을 두고 오거나 깜박하는 일이 잦아지는 등 기억력이 떨어지는 것을 느낀다. 또 집중력도 낮아진다. 뇌의 기능 저하는 머리를 쓰지 않으면 더욱 빠르게 진행된다.

그러나 기억력이나 집중력이 높아지는 어른의 공부를 실천하면 뇌 노화를 막을 수 있다. 특히 시험은 시간제한이 있기 때문에 시험일까지 집중해서 공부해야 한다는 압박감이 집중력을 올리는 동기부여가 된다.

어른의 공부가 만들어내는 효과는 뇌과학적인 근거가 많다. 치매에 관한 연구는 옛날부터 많았는데 그중 치매의 위험인자와 관련된 세계적인 연구 결과를 살펴보면 학교 교육을 받은 기간이 짧을수록 알츠하이머나 그 외의 치매에 걸릴 위험이 높아진다는 보고가 많다. 반대로 말하면 교육을 받는 기간이 길수록 치매에 걸릴 위험은 낮아진다고 볼 수 있다.

이것은 인지예비용량cognitive reserve으로 설명할 수 있다. 인지예비용량이란 뇌 노화가 진행되면서 평소에는 사용하지 않는 뇌의 백업 네트워크 혹은 그것을 활용하는 능력을 의미한다. 뇌에서 치매의 원인이 될 수 있는 신경세포의 파괴 등의 이상이 생길지라도, 인지예비용량이 크면 뇌가 뉴런 사이의 대체 경로로 사용할 수 있다는 것이다.

지금까지 살면서 축적해온 정보, 지식, 경험이 풍부하다면 인지예비용량이 큰 것이다. 인지예비용량이 크면 뇌가 다소 손상을 입더라도 과거의 경험치로 보완해 치매에 걸릴 확률이 낮아진다는 의미다.

'난 고졸이라서 치매에 걸리기 쉽겠다'고 우울해할 필요는 없다. 교육이 반드시 학교 교육만을 의미하지는 않기 때문이다. 사회인이 된 후라도 어른의 공부를 실천하면 정보, 지식, 경험이 늘면서 인지예비용량이 좋아진다.

678명의 수녀들을 대상으로 뇌의 노화를 다각적으로 분석한 '수녀 연구nun study'가 있었다. 연구에서는 수녀들이 청년기에 쓴 자서전에서의 풍부한 어휘 사용량과 60년 후 알츠하이머 발병률 사이에 밀접한 관계가 있다고 보고했다.

또한 100세가 넘은 나이에 세상을 떠난 한 수녀의 뇌를 해부해서 조사해보니, 알츠하이머에 해당하는 특징적인 병리적 소견이 있었음에도 생전에 치매 증상이 전혀 나타나지 않았음이 발견되었다. 그 수녀는 지적 능력이 매우 우수했다고 한다. 이 연구는 어른이 되어서도 열심히 공부해서 인지예비용량을 높여두면 100세가 넘어서도 젊은 뇌를 유지할 수 있음을 알려준다.

요즘 자격증 따기가 유행이라 다양한 검정시험과 자격시험이 넘쳐난다. 술과 관련된 자격증만 해도 위스키, 맥주, 와인, 사케, 소주, 럼, 테킬라 등이 있고 음식과 관련된 자격증에는 일식, 빵, 치즈, 디저트, 채소, 과일, 초밥, 카레 등이 있다. 그 외에도 아로마나 다이어트와 관련된 자격증도 있으며 한자, 영어를 비롯한 어학 시험도 많다. 자격시험을 모두 합치면 수백 가지도 넘을 것이다.

자신의 취미나 흥미에 따라 좋아하고 또 즐길 수 있는 분야에 대해 꾸준히 공부하면 기억력, 집중력을 단련할 수 있다. 어른의 공부에 꼭 도전해보길 바란다.

✔ 실수의 4대 원인 중 하나인 워킹메모리 기능 저하는 수면, 운동 등 9가지 생활습관으로 예방할 수 있다.

✔ 멀티태스킹은 뇌에 좋지 않다. 단, 운동과 뇌 트레이닝을 결합한 듀얼태스킹은 뇌에 좋다.

✔ 메모를 할 때는 중요한 포인트만 간추려서 한다. 손으로 직접 쓰는 게 좋으며, 필기가 아니더라도 한곳에 모아서 하자.

✔ 정보를 3개의 포인트로 정리해서 입력하면 효율적으로 기억할 수 있다.

✔ 자격시험을 위해 공부하면 뇌가 활성화된다.

출력

더 적게 일하고
더 높은
성과를 낸다

집중력을 끌어올리는 출력법

2장

우리가 하는 일은 90% 이상이 뇌에서 정보를 아웃풋하는 출력에 해당한다. 시간 활용법, 투두리스트법, 스케줄 관리법 등을 통해 습관을 조금만 바꾸면 집중력과 뇌의 회전 속도는 비약적으로 올라간다.

뇌습관이 아웃풋을 바꾼다

● 뇌의 활용도를
  높이는 업무술

출력(아웃풋)이란 무엇일까?

정보를 뇌에 집어넣는 행위가 입력(인풋)이다. 우리의 뇌는 입력된 내용을 바탕으로 사고, 정리 등을 통해 정보를 가공한다. 그 뒤에 일어나는 동작인 말하기, 쓰기, 행동하기가 모두 출력에 해당한다.

거래처 상담, 사내 회의, 발품 파는 영업, 프레젠테이션, 컴퓨터 문서 작성, 강연용 원고 집필 등 이른바 손이나 입을 움직여서 하는 모든 일이 출력이다.

따라서 업무상의 실수나 오류는 대부분 출력 실수다. 출력 실수를 줄여야 하는 이유가 여기에 있다. 출력 실수의 원인을 파악하고 대책을 마련해두면 일할 때 일어나는 수많은 실수를 줄일 수 있다. 그럼 지금부터 출력 실수를 줄이는 구체적인 방법을 알아보자.

중요한 일은 화요일 오전에

● 실수 연발 시간대는
따로 있다

365일 24시간, 항상 실수를 하는 것은 아니다. 즉 실수가 일어나기 쉬운 시간대와 요일이 있다. 말하자면 실수 연발 시간대다. 반대로 집중력은 높고 실수할 확률이 극히 적은 시간대도 있다.

실수를 줄이는 방법은 의외로 간단하다. 집중력이 매우 떨어지는 실수 연발 시간대에는 작업을 하지 않는 것이다. 반대로 집중력이 높고 실수하기 어려운 시간대에는 중요한 작업을 몰아서 하면 된다. 시간 배분만 잘해도 실수하는 비율은 현저히 줄어든다.

하루 중 가장 집중력이 떨어지는 실수 연발 시간대는 새벽이다. 스리마일섬 원전 사고, 체르노빌 원전 사고, 우주왕복선 챌린저호 폭발 사고 등 수많은 대형 사고들이 새벽 시간에 일어난 부주의가 원인이 되어 발생했다고 밝혀졌다.

밤샘 작업을 해본 사람이라면 동트기 전인 새벽 3~5시가 가장 고비임을 알 것이다. 이 시간쯤 되면 졸음이 마구 몰려온다. 수면과 각성에 관한 바이오리듬 측면에서도, 새벽에 잠을 자는 생활 패턴을 거스르는 만큼 집중력은 최저로 떨어진다. 하루 중 인지력이 가장 떨어지는 시간대라고 할 수 있다. 따라서 새벽에 일을 하면 아무리 주의를 기울인다고 해도 실수를 막기가 어렵다. 평소라면 하지 않을 큰 실수가 일어날 가능성이 높다.

밤을 새워서 작업했는데 큰 실수를 저지르면 아침까지 한 일이 헛수고로 돌아간다. 게다가 다음 날 작업 일정에도 부정적인 영향을 미치므로 전체적으로 보면 오히려 손해다. 밤샘 작업은 실수하기 쉽다는 단점뿐 아니라 적절한 수면 시간을 확보하지 못한다는 점에서도 매우 바람직하지 않다.

중요한 업무를 피해야 할
요일과 시간대

구직 사이트 하타라코넷토에서 직장인 510명을 대상으로 실수담에 관한 설문조사를 실시했다. 특히 "언제 실수를 했습니까?"라는 질문에 대한 답이 매우 흥미로웠다. 실수를 하는 시간대로 오후 2~4시를 선택한 사람의 비율이 40%로 압도적으로 많았다. 오후 2시부터 4시 사이에는 점심식사의 포만감과 함께 오전에 한 일의 피로가 겹쳐 졸음이 몰려오기 쉽다. 이로 인해 현저하게 집중력이 떨어지기 때문에 실수하면 안 되는 중요한 일은 피해야 한다.

반면 하루 중 집중력이 가장 높은 시간대는 오전이다. 중요하고 복잡한 일이라면 오전 중에 끝내자. 오후로 미루지 말자. 이것만 실천해도 하루의 업무 시간은 눈에 띄게 줄어들 것이다. 실수를 한 요일은 월요일(25%)이 가장 많았고 금요일(19%)이 두 번째였다. 가장 적게 선택한 요일은 화요일(5%)이었다. 실수의 4분의 1이 월요일에 일어났다는 것은 꽤 높은 수치다. 휴일을 보내고 첫 업무 시간이라 미처 일에 적응하지 못했거나 휴일 동안 쌓인 업무량이 많은 탓인지도 모르겠다.

반대로 화요일을 선택한 비율은 5%로 매우 낮았다. 화요일에 실수를 하는 경우는 드물다고 봐도 좋다. 작은 실수도 용납되지 않는 중요한 일은 월요일과 금요일을 피해 되도록이면 화요일에 하자.

90분 일하고 20분 쉰다

집중력의 사이클,
울트라디안리듬

하루 단위로 보면 오후 3시 전후와 새벽은 실수가 일어나기 쉬운 시간대로 주의가 필요하다. 좀 더 시간 단위를 잘게 쪼개면, 인간의 각성도와 주의력, 집중력의 리듬은 90분 주기로 나눌 수 있다.

운전 중에 심하게 졸린 적이 있는가? 껌을 씹어도 커피를 마셔도 볼을 꼬집어봐도 좀처럼 졸음이 달아나지 않을 때가 있다.

이때 졸음쉼터나 휴게소에 차를 세우고 딱 10분만 쪽잠을 자면, 조금 전까지 맹렬하게 덮쳐왔던 졸음이 거짓말처럼 사라지고 머리가 맑아진다.

인간의 각성도에는 리듬이 있다. 약 90분간 각성도가 높은 상태가 유지되다가 이후 약 20분간은 각성도가 낮은 상태가 된다. 이 주기는 하루 동안 계속 반복된다. 이와 같은 24시간 이하의 짧은 생체리듬을 울트라디안리듬ultradian rhythm이라고 부른다.

각성도가 높을 때는 집중력이 높아서 실수를 잘 하지 않는다. 반대로 각성도가 낮을 때에는 졸음이 몰려오고 집중력이 떨어져 실수를 저지르기 쉽다.

자동차 운전에 빗대면 각성도가 낮은 상태란 자동차 사고를 일으키기 쉬운 상태를 말한다. 운전 중 강하게 졸음이 밀려올 때는 울트라디안리듬이 가장 낮은 때(각성도가 가장 낮은 때)다. 이때는 집중력이 떨어져 주위를 살피지 못하고 돌발 상황에 재빨리 대처하기 어렵기 때문에 사고로 이어질 위험이 높다. 졸음이 오면 곧바로 차를 세우고 휴식을 취해야 하는 이유다.

울트라디안리듬은 생물이 본래부터 지니고 태어난 생체 현상이므로 거스르려 하지 말고 리듬에 따라 일을 해야 한다. 쉬지 않고 계속 일하면 실수를 일으킬 확률이 비약적으로 높아진다.

잠시 휴식을 취하면 리듬이 바뀌면서 각성도가 올라가고 졸음기도 사라진다. 오래 쉴 필요는 없다. 5~15분이면 충분하다. 다만 90분 내내 집중하고 있었다면, 주의가 산만해지거나 졸리기 시작할 때 휴식 시간을 넉넉하게 잡아 15~20분 충분히 쉬는 게 좋다. 이때는 선잠을 자도 좋다. 졸리고 뇌가 이완 상태에 있으므로 짧은 시간이라도 깊은 잠에 빠지기 쉽다. 짧게 한잠 자면 몸과 뇌의 피로를 해소하는 데 효과가 매우 크다.

앞서 울트라디안리듬은 90분 각성, 20분 이완이 주기라고 설명했다. 하지만 최근 연구에 따르면 각성과 이완의 시간은 개인차가 크다는 사실이 밝혀졌다. 각성 시간은 70분에서 110분까지 크게 차이 났으며, 각성도가 낮은 시간은 20분 내외로 사람마다 다르게 나타났다.

그러니 90분 집중, 20분 휴식에 얽매일 필요는 없다. 90분 정도 일을 지속하면 뇌의 활동력이 떨어져서 실수하기 쉬운 상태가 되므로 중간에 쉬어야 한다는 의미로 받아들이면 된다.

뇌의 황금시간대는
오전 10시까지

● 복잡한 일은
아침에 끝내기

실수가 잦은 시간대는 새벽 3시 전후와 오후 3시 전후다. 절대 실수하면 안 되는 일을 할 때는 이 시간대를 피해서 하면 된다. 그렇다면 중요한 일은 몇 시에 해야 가장 좋을까?

정답은 아침 9시다. 즉, 일반적인 회사의 근무 시작 시간과 같다. 아침에 일어난 뒤 2~3시간 동안을 '뇌의 황금시간대'라고 부른다. 아침에 우리의 뇌는 긴 수면을 통해 깨끗하게 정리된 상태다. 아무것도 올려놓지 않은 새 책상과 같다.

또 아침에는 뇌가 전혀 피로하지 않고 생기가 넘친다. 따라서 아침은 뇌의 황금시간대로 하루 중 집중력이 가장 높다. 실수가 일어날 확률이 적은 시간대다.

그러므로 그날의 업무 중 가장 중요한 일은 근무 시작과 동시에 몰두해서 가능한 빨리 끝내야 한다. 왜냐하면 뇌의 황금시간은 2~3시간만 지속되기 때문이다. 아침 7시에 일어났다면 오전 10시까지가 황금시간대이므로 시간이 여유롭지 않다.

뇌의 황금시간대 안에 실수해선 안 되는 중요한 일을 얼마나 많이 끝내놓는지에 따라 하루의 업무량이 결정된다고 해도 과언이 아니다.

그러나 안타깝게도 직장인의 경우 근무 시작 직후에 하는 일이란 메일이나 메시지 확인이 대부분이다. 메일이나 메시지 확인 같은 잡무는 뇌가 아무리 피로해도 할 수 있는 단순 작업이다. 뇌의 황금시간을 단순 작업으로 낭비하는 것은 시간을 비효율적으로 쓰는 지름길이다.

| 시간대별 집중력 변화 |

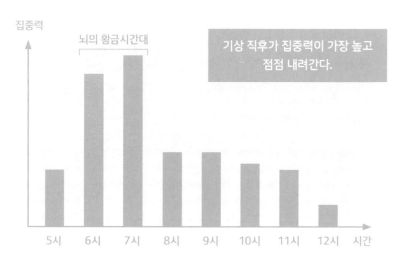

※ JINS(일본 안경 회사) 사용자 중 500명의 데이터를 기초로 작성

뇌의 황금시간을
연장하는 법

근무 시작 후 1시간 안에 실수하면 안 되는 일을 모두 끝내려 해도 결산서 작성과 같이 방대한 자료를 만드는 일이라면 1시간 안에 끝내기란 어렵다. 이럴 때는 어떻게 하면 좋을까?

뇌과학 관련 도서에는 뇌의 황금시간대가 아침 기상 후 2~3시간 동안이라고 나와 있다. 그렇다면 일어난 뒤 3시간 1분부터는 뇌의 황금시간대가 아닐까? 3시간이라고 선을 그은 데에는 과학적 근거가 있을까?

그렇지 않다. 적어도 이제까지 읽은 논문 중에 3시간이 지나면 황금시간이 끝난다는 내용은 없었다. 일어난 뒤 2~3시간 동안은 뇌가 쌩쌩하게 활동한다. 이는 많은 사람이 직접 느낀 경험적 수치이며, 평균치일 뿐이다.

뇌의 황금시간은 연장할 수 있다. 뇌의 황금시간은 마치 새 책상과 같이 뇌가 깨끗한 상태가 유지되는 때를 말한다. 그러니 뇌를 어지럽히지 않고 깨끗하게 사용한다면 집중력을 잃지 않고 뇌의 황금시간에 발휘하는 능력을 유지할 수 있다. 이는 실질적으로 뇌의 황금시간을 연장한 것과 마찬가지다.

나 역시 뇌의 황금시간 연장법을 실천하고 있다. 제대로 실천하면 2~3시간가량 연장해 오전 내내 높은 집중력을 유지하며 일을 처리할 수 있다.

뇌의 황금시간 연장법이란 구체적으로 무엇일까. 뇌의 작업 책상을 깨끗하게 사용하는 것이다. 이를 위해 쓸데없는 정보를 뇌에 입력하지 말아야 한다.

가장 안 좋은 예가 TV나 인터넷이다. 아침 정보 프로그램이나 뉴스 기사, SNS에 올라온 가십 거리를 보고 나면 뇌에 방대한 정보가 입력된다. 뇌가 한순간에 어수선한 상태가 되므로 뇌의 황금시간이 연장되기는커녕 그 즉시 종료되어버린다. 오전에는 TV를 비롯해 신문, 인터넷 등을 통한 정보 확인, 메일과 메시지 확인 등을 피해야 한다.

뇌의 황금시간대를 보내는 나만의 방법을 소개하겠다. 특히 집필 마감을 앞두고 있을 때 주로 사용하는 방법이다.

우선 아침에 일어나 샤워를 한 뒤 내 방에 들어가 문을 잠근다. 메일이나 메시지 확인 혹은 인터넷 뉴스를 보지 않고 바로 글을 쓰기 시작한다. 오직 지금 쓰고 있는 책 내용에만 집중하고 그 외에는 아무것도 생각하지 않으려고 한다. 전화도 받지 않고 택배기사가 와도 나가지 않는다. 말하자면 몸을 방 안에 가둬두고, 뇌도 하나의 생각만으로 가득 차게 만드는 것이다.

이렇게 하면 뇌에 쓸데없는 정보가 하나도 들어오지 않기 때문에 뇌의 책상을 오랜 시간 동안 깨끗하게 사용할 수 있다.

물론 매일 이렇게 생활하기는 힘들다. 나 역시 특별한 경우에 한해 의식적으로 뇌의 황금시간을 연장해 높은 집중력을 유지하는 방법을 쓰고 있다.

보통의 직장인이라면 전화벨이 울리기도 하고 상사에게 불려가기도 해서 완벽히 정보를 차단하기가 불가능에 가깝다. 하지만 아침에 뉴스나 SNS 보지 않기, 메일과 메시지 확인은 피곤해졌을 때 쉬면서 하기, 오전 중에는 미팅 잡지 않기 등과 같은 사항만 실천해도 뇌의 황금시간을 연장시킬 수 있다.

조금만 노력하면 오전 내내 집중력이 높은 상태를 유지할 수 있다. 아침 시간은 하루 중 가장 일처리 속도가 빠른 뇌의 황금시간대이므로 소중하게 사용하자.

지금까지의 투두리스트는 모두 틀렸다

- **업무를 시작하기 전**
  꼭 해야 하는 일

업무를 시작하기 전에 내가 꼭 하는 일이 있다. 오늘 할 일을 모두 적어 목록으로 만드는 것이다. 다시 말해, 하루 치의 투두리스트to do list를 쓴다.

투두리스트를 활용하면 일을 신속하고 효율적으로 처리할 수 있다. 일의 정확성이 높아지고 빠트리는 일도 없어져서 실수와는 거리가 멀어진다.

먼저 투두리스트를 통해 얻을 수 있는 놀라운 효과에 대해 설명하겠다.

① 집중력이 유지된다

투두리스트를 써도 일의 효율은 올라가지 않으므로 의미가 없다는 비판이 있다. 아마 이렇게 말하는 사람은 틀림없이 투두리스트를 잘못 사용하고 있을 것이다.

스마트폰이나 컴퓨터 등 디지털 기기를 통해 투두리스트를 쓴다든지, 투두리스트를 눈에 보이는 곳에 두지 않는다든지, 잘못된 방식으로 투두리스트를 사용하면 당연히 충분한 효과를 얻을 수 없다.

투두리스트를 스마트폰으로 관리하면 다음 일로 넘어갈 때마다 일일이 스마트폰을 확인해야 한다. 그 자체만으로도 시간 낭비이지만 매번 투두리스트를 볼 때마다 스마트폰의 유혹과 마주해야 한다는 단점도 있다. 투두리스트만 확인하면 되는데 자기도 모르게 SNS나 메시지 알람을 보고 다른 앱을 켜고 만다. 그러면 모처럼 높았던 집중력이 제로로 떨어진다.

투두리스트를 스마트폰으로 관리한다는 것은 이어달리기에

서 1등으로 달리다가 배턴을 넘길 때 떨어뜨려 단숨에 꼴찌로 전락하는 상황과 비슷하다. 그만큼 효율이 나쁜 방법이다.

투두리스트를 쓰지 않는 경우도 마찬가지다. 투두리스트를 쓰지 않는 사람은 하나의 일을 일단락 짓고 나서 '다음에는 무슨 일을 하지?' 하고 할 일을 정리하느라 역시 집중력이 뚝 떨어진다.

나는 투두리스트를 인쇄해서 책상 위 컴퓨터 왼쪽에 올려둔다. 이렇게 하면 하나의 일이 끝났을 때 시선을 왼쪽으로 0.1초 옮기기만 하면 다음에 해야 할 업무를 확인할 수 있다. 말하자면 높은 집중력을 그대로 유지한 채 전력 질주하면서 다음 주자(업무)에게 배턴을 넘길 수 있다.

② 깜박 잊는 일이 사라진다

투두리스트를 사용하지 않더라도 그날 할 일은 빼먹지 않는다고 말하는 사람도 있다. 하지만 오후 5시까지 기획서를 내야 했으나 갑자기 3시쯤 급한 문제가 발생한다면 이를 해결하느라 시간을 빼앗길 뿐 아니라 기획서를 내야 한다는 사실조차 잊어버리기 쉽다. 오후 5시가 넘어서야 "큰일 났다! 기획서 제출 시간을 넘겨버렸어"라며 얼굴이 하얘진다. 그러나 투두리스트에

"17시까지 기획서 제출"이라고 써놓고, 책상 위에 붙여놓았다면 어땠을까. 문제를 해결하기 위해 여기저기 연락을 할 때도 투두리스트가 눈에 들어오기 때문에 다음 일정을 지나치거나 잊어버릴 일이 없다.

이처럼 투두리스트에 업무를 적어놓고 잘 보이는 곳에 두면 하루에도 몇 번씩 목록을 확인할 수 있다. 따라서 깜박 잊어버리는 실수는 하지 않는다.

아침에 "15시 경영 회의"라고 투두리스트에 적어두었다고 하자. 스케줄을 확인하며 목록에 쓰는 것만으로도 쓰기와 확인하기의 작업을 통해 뇌에 강한 인상이 남는다. 또 투두리스트가 눈에 띌 때마다 "15시 경영 회의"라는 글자가 머릿속에 들어온다. 무의식중에 기억의 복습이 일어나는 셈이다.

오후 업무가 시작되고 오후 2시에 다음 업무를 시작할 때도 '아, 3시에 경영 회의지. 앞으로 1시간밖에 안 남았네' 하고 재차 확인한다. 이렇게 할 일을 몇 번씩 되새기면 '이런, 3시에 경영 회의인데 완전히 잊고 있었어!' 같은 일은 일어나기 어렵다.

머릿속으로만 정보를 처리하려고 하면 깜박 잊거나 무심코 지나쳐버리는 경우가 생기지만 투두리스트에 오늘의 일정을 모두 적어두면 깜박 잊거나 무심코 지나쳐버리는 실수가 끼어들 틈이 없다. 만약 투두리스트를 통해 반복적으로 확인했음에도 일정을 잊어버렸다면 뇌 피로가 심각한 수준에 이르렀다는 증거이므로 주의해야 한다.

여기서 중요한 점은 슬쩍 봐도 눈에 잘 들어오는 곳에 투두리스트를 놓아야 한다는 점이다. 컴퓨터 키보드 왼쪽에 두거나 책상 앞 화이트보드에 자석으로 붙여두자. 0.1초만 시선을 옮겨도 보이는 곳에 투두리스트가 있어야 한다. 이렇게 하면 무심코 잊어버리는 실수는 완전히 사라진다.

③ 워킹메모리에 여유가 생겨 일의 능률이 올라간다

지금 하는 업무가 끝나갈 때쯤이면 투두리스트를 쓰지 않은 경우, '이 일이 끝나면 다음에 뭘 하지?'라는 고민이 시작된다. 그러면 다음은 'A사에 제출할 서류를 쓸까? 아니야, B사에 보낼 메일이 먼저다'라는 식으로 다양한 생각이 머릿속을 떠다닌다.

특히 하루에 처리해야 할 일이 10개 이상인 사람이 할 일을 적지 않고 머릿속에 넣어만 두면 어떻게 될까. '다음에는 이 일을 해야 해. 그다음에는 저걸 해야 하는데. 맞다, 그것도 해야지' 하는 생각이 5~10분마다 떠올라 오히려 지금 하는 일에 집중하지 못한다. 이른바 패닉 상태에 빠지는 것이다.

이런 잡념은 워킹메모리를 소비한다. 즉, 일의 효율을 큰 폭으로 떨어뜨린다.

투두리스트를 써두면 다음에 해야 할 일은 투두리스트를 한 번만 보면 분명하게 알 수 있으므로 잡념이 떠오르지 않는다.

'다음에 할 일이 뭐였더라?' 하고 잡념이 떠올라도 책상 위에 놓인 투두리스트에 잠시 시선을 옮기면 '아, 다음에는 A사에 보낼 서류를 처리하면 되겠군' 하고 확인한 후에 일의 흐름이 끊기기 전에 원래 하던 일로 돌아올 수 있다. 따라서 마지막까지 워킹메모리에 여유를 둔 채 효율적으로 일을 해낼 수 있다.

반복해서 말하지만 워킹메모리의 용량이 부족하면 실수가 일어난다. 워킹메모리에 빈 공간이 많다는 것은 곧 실수하지 않는다는 뜻과 같다. 그러므로 하루에 처리해야 할 일이 많은 사람이나 패닉에 빠지기 쉬운 사람은 반드시 투두리스트를 써두어야 한다.

④ 확인을 통해 실수를 원천 차단한다

오후 3시에 미팅이 있는 날이다. 아침부터 업무상 큰 문제가 생겨 종일 메일과 전화에 시달렸다. 문득 시계를 보니 오후 4시다. '이런! 미팅에 완전히 늦어버렸어'라며 머릿속이 하얘진다.

평소라면 아침과 점심시간에 반드시 스케줄 확인을 했을 텐데 이날만큼은 스케줄 확인을 할 여유가 없었던 것이다.

이렇듯 일할 때 저지르는 대부분의 출력 실수는 확인을 하지 않아서 일어난다. 점심시간에 스케줄 수첩을 보고 오후 3시에 미팅이 있는 걸 확인했다면, 부득이한 일이 발생하지 않는 이상 단순 실수로 미팅에 참석하지 못하는 일은 생기지 않을 것이다. 물론 미팅 직전에 확인했다면 실수가 일어날 확률은 제로에 가깝다. 따라서 확인을 습관화하면 출력 실수가 줄어든다.

확인의 중요성은 일 잘하는 법을 다루는 책이라면 빼놓지 않고 등장한다. 그러나 여전히 많은 사람이 확인을 게을리한다. 왜 그럴까?

실수가 잦은 사람은 확인하는 일 자체를 종종 잊어버린다. 평소에는 습관처럼 확인을 잘해왔더라도 일이 바빠지거나 패닉 상태에 빠지면 확인할 여유가 없어져서 결국 빠뜨리고 만다.

사고를 방지하는 데 가장 좋은 방법이 투두리스트다. 하루 업무를 시작할 때 오늘 해야 할 중요한 일을 모두 적는다. 투두리스트를 쓰는 행위 자체가 확인 작업인 셈이다.

투두리스트는 책상 위 잘 보이는 곳에 둔다. 그다음은 투두리스트를 보면서 적혀 있는 대로 일을 해 나가면 된다. 투두리스트에 '15시 회의'라고 썼다면 잊어버릴 염려가 없다. 오후 3시가 되기 전에 몇 번이나 투두리스트를 확인하기 때문에 깜박하거나 무심코 지나쳐버리는 일은 절대로 일어나지 않는다.

특히 중요한 업무라면 투두리스트에 아래처럼 확인할 사항도 써놓자.

○ 내일 회의 자료 확인
○ 출장 준비물 확인

투두리스트에서 지워지지 않았다면 아직 확인하지 않았다는 뜻이므로 업무가 누락되는 일은 100% 사라진다. 투두리스트를 쓰지 않는 사람은 확인하는 일 자체를 잊어버리고, 스스로 확인했는지 안 했는지도 제대로 기억하지 못한다.

그러므로 투두리스트 쓰기는 그 자체가 확인을 습관화하는 것이다. 확인을 자주 빼먹는 사람이라면 꼭 투두리스트를 사용해보자.

투두리스트법 ②

집중력의 기어를 올리는
가바사와식 투두리스트

기존 투두리스트의
문제점

　지금부터 투두리스트 쓰는 방법을 구체적으로 알아보겠다.

　투두리스트를 쓰는 방법에는 여러 가지가 있다. 그중에서 가장 유명하고 널리 알려진 것은 《성공하는 사람들의 7가지 습관》을 쓴 스티븐 코비 박사가 소개한 방법이다.

　스티븐 코비 박사의 투두리스트는 실행해야 할 업무를 긴급도와 중요도에 따라 4가지 영역으로 분류한다.

 Ⓐ 긴급도와 중요도 모두 높은 일

 Ⓑ 중요도는 높지만 긴급도는 낮은 일

 Ⓒ 긴급도는 높지만 중요도는 낮은 일

 Ⓓ 긴급도도 중요도도 낮은 일

그리고 각 영역에 업무를 A-1, A-2, A-3 / B-1, B-2, B-3 / C-1, C-2, C-3 / D-1, D-2, D-3처럼 순서를 매겨 나열한다.

처음 이 방법을 알았을 때는 훌륭하다고 생각했다. 그래서 10년 이상 스티븐 코비 박사가 소개한 방법대로 투두리스트를 써왔다. 하지만 쓰면 쓸수록 세세한 부분에서 나와 맞지 않는 점이 드러났다.

긴급도와 중요도에 따라 업무를 분류하면 집중력이라는 개념이 반영되지 않는다. 스티븐 코비 박사의 투두리스트로는 집중력이 필요하나 긴급도나 중요도가 낮은 일이라면 뒤로 밀려난다.

모든 일은 '집중력이 필요한 일'과 '집중력이 그다지 필요하지 않은 일', 두 가지로 나눌 수 있다.

오전에는 집중력이 매우 높은 상태이기 때문에 집중력이 필요한 일을 하기에 적합하다. 오후부터 밤까지는 피곤이 쌓이고 집중력은 떨어지기 때문에, 몰입해서 하지 않아도 되는 일을 하기에 적합하다. 집중력이 필요한 일을 무리해서 오후나 밤까지 처리하면 오전 중에 할 때와 비교해 2~3배 시간이 더 걸리고 실수할 확률도 올라간다. 결국 아침에 하면 1시간 안에 끝날 일을 밤에 3시간이나 들여서 하는 등 비효율적으로 일하는 상황이 벌어진다.

한 달 후가 마감인 신간의 원고 집필은 'Ⓑ 중요도는 높지만 긴급도는 낮은 일'로 분류된다. 하지만 원고 집필은 고도의 집중력이 필요한 일이어서 저녁 이후로 미루면 아침보다 작업 시간이 3배나 더 걸린다.

내가 세운 업무의 원칙은, 집중력이 필요한 일은 집중력이 높은 시간대에 하자는 것이다. 제아무리 고된 일이라도 뇌 상태가 가장 좋을 때 하면 실수나 실패는 거의 일어나지 않는다.

그래서 나는 스티븐 코비 박사의 투두리스트와는 달리 집중력을 중심으로 한 시간표를 추가해 가바사와식 투두리스트를 고안해냈다.

가바사와식 투두리스트는 나 혼자만 실천하고 있는 방법이 아니다. 내가 운영하고 있는 가바사와 학원에 다니는 600여 명의 학생들이 실천해 효과를 인정받은 방법이다. 그뿐 아니라 학생들에게 피드백을 받아 수정을 거듭해왔다. 그리고 최종 수정판은 인터넷을 통해 수천 명이 다운로드받아서 활용하고 있다.

1분 쓰고 1시간 절약하는
투두리스트 사용법

148쪽에 가바사와식 투두리스트를 실었다. 다음 페이지에는 어느 하루에 실제로 내가 기입한 투두리스트의 예시를 실었다. 가바사와식 투두리스트는 손으로 작성하지 않고, 컴퓨터로 입력해서 인쇄해 사용한다. 아침에 일을 시작하기 전 컴퓨터를 켠 다음 스케줄 수첩을 확인하며 오늘 해야 할 일을 목록으로 작성한다.

입력이 끝나면 인쇄하자. 그리고 책상 위에서 눈에 잘 띄는 곳, 의자에 앉았을 때 쉽게 볼 수 있는 곳에 놓자. 시선을 옮기기만 하면 눈에 들어오는 장소에 두는 것이 핵심이다.

투두리스트에 있는 업무를 끝냈다면 빨간색 색연필이나 볼펜으로 가로선을 그어 완료됐음을 표시한다. 다른 색으로 가로선을 긋거나 형광펜으로 표시하는 것으로 끝난 일을 지우면서 성취감을 느낄 수 있다. 나는 빨간색 색연필로 찍찍 가로선을 긋는다.

다음날에는 어제 쓴 투두리스트 파일을 열어 내용만 수정하는 방식으로 새로운 투두리스트를 작성한다. 파일을 덧쓰는 이유는 오늘의 투두리스트를 쓰면서 어제의 업무 달성도를 평가할 수 있기 때문이다. 또한 대부분의 직장인이 매일 하는 업무가 크게 달라지지 않는다는 점도 또 다른 이유다. 손으로 쓰면 매일 비슷한 내용을 처음부터 다시 써야 하므로 시간이 낭비된다. 그래서 어제쓴 투두리스트 파일에 내용을 추가하거나 수정하는 방식으로 덧쓰는 것이다. 익숙해지면 하루의 투두리스트를 쓰는 데 3분도 걸리지 않는다. 나는 1분이면 다 쓴다.

투두리스트를 쓰는 데 1분밖에 걸리지 않는 이유는, 오늘 해야할 일을 책상에 앉아서 생각하지 않기 때문이다. 컴퓨터를 켠 다음에야 할 일을 생각하기 시작하면 5분 이상은 걸린다. 요령은 출근준비를 하거나 출근길에서 오늘 무슨 일을 할지 미리 생각해두는 것이다. 업무를 시작하기 전에 투두리스트를 쓸 때는 머릿속에 있는 내용을 그대로 적기만 하면 된다. 이렇게 하면 투두리스트 쓰기는 1분이면 끝난다.

아침 1분 투두리스트를 쓰는 습관으로 하루 몇 시간을 절약할 수 있다. 게다가 실수나 깜박 잊어버리는 일도 제로로 만들어준다.

할 일은
3가지씩 적는다

투두리스트를 쓸 때는 항목마다 할 일을 3가지씩 적는다는 점이 핵심이다. 항목은 오전, 오후, 매일, 틈, 놀이, 기타로 나눈다. 이렇게 항목을 나누고 할 일을 3가지로 한정하는 이유는, 앞에서 워킹메모리 용량에 대해 설명했듯 한 번에 파악하기 쉽도록 하기 위해서다. 오전 중에 할 일을 3가지로 추리면 굳이 투두리스트를 보지 않아도 일의 흐름을 파악할 수 있다.

기존의 투두리스트처럼 할 일을 10가지 이상 나열하면, 한 번에 모든 일을 파악하기가 힘들다. 만일 오늘 할 일이 10가지 있다면, 그 사실만으로도 뇌는 패닉에 빠져 처리 불능 상태가 된다.

따라서 중요한 일은 3가지로 추려서 쓰고 우선순위가 낮은 일은 틈이나 기타 항목에 적어야 한다. 그것만으로도 알기 쉽고 한 번에 업무를 파악할 수 있다.

한 가지 업무나 과제의 내용을 세분화할 수 있다면 그 내용도 적어두자. 가령 "A사의 안건"이라고만 쓰면 구체적으로 무슨 일을 해야 하는지 모르기 때문에 다음과 같이 구체적인 작업 내용을 써놓는 것이다. 이때 다음 줄로 넘기지 말고 한 줄 안에 세분해서 적는다.

- ○ A사 안건 (담당자에게 메일 쓰기 / 자료 받으러 가기 / 견적서 쓰기)
- ○ 유튜브 업데이트 / 메일 매거진 발행 / 블로그 업데이트

위의 두 번째 예시처럼 비슷한 종류의 일도 한 줄에 모아서 적는 편이 좋다.

집중도, 긴급도, 중요도별로 나눈다

본격적으로 가바사와식 투두리스트의 항목별 기입 방법을 알아보자.

- ○ '오전'에는 오전 중에 해야 할 일 3가지를 적는다.
- ○ '오후'에는 오후에 해야 할 일 3가지를 적는다.

각 항목의 맨 윗줄(1~3번 중 1번 줄)에는 집중력이 가장 많이 필요한 일

을 적는다. 집중력을 우선시하되 긴급도와 중요도를 함께 따져 그날 제일 먼저 해야 할 일이 무엇인지를 생각한다.

만약 집중도는 떨어지더라도 급하게 보내야 하는 메일이나 일을 시작하자마자 회신해야 하는 메일이 있다면, 이 일을 첫 번째 줄에 쓰면 된다. 이런 식으로 무엇을 가장 먼저 해야 하는지, 다음에 해야 할 일은 무엇인지를 머릿속으로 시뮬레이션 하면서 순서대로 목록을 작성한다.

○ '매일'에는 매일 해야 하는 일 3가지를 쓴다.
○ '틈'에는 10분 이내에 끝나는, 틈새 시간에 할 일이나 과제를 적는다.

업무일지 제출처럼 매일 반복해야 하는 작업이나 메일 확인 같은 틈나는 대로 하면 좋은 작업이 있다. 이처럼 매일 해야 하는 일이나 틈이 날 때 하는 일들은 자신의 업무 스타일에 따라 하는 시간대가 정해져 있다. 그러므로 시간대에 구애받지 말고, 일의 성격에 따라 매일 혹은 틈 항목에 적으면 된다. 하나의 업무를 끝마치고 다음 업무에 들어가기 전 기분 전환 삼아 메일을 확인하거나, 퇴근하기 30분 전에 업무일지를 작성하는 등 자신의 업무 방식에 따라 진행하면 된다.

| 직접 써보는 TO DO LIST |

_____월 _____일

오전 1	
오전 2	
오전 3	
오후 1	
오후 2	
오후 3	
매일 1	
매일 2	
매일 3	
틈 1	
틈 2	
틈 3	
놀이 1	
놀이 2	
놀이 3	
기타 1	
기타 2	
기타 3	

| 가바사와식 TO DO LIST |

오전 1	★	신간 원고 2장 집필, 15매 / 인쇄 확인
오전 2		
오전 3		
오후 1		잡지 〈닛케이 어소시에〉 원고 확인 (오늘 마감)
오후 2	◎	14시 TV 녹화 (아카사카 BIZ 타워)
오후 3		웹심리학원 차회 세미나 안내문
매일 1		유튜브, 블로그 업데이트 / 메일 매거진 발행
매일 2		메시지 (오구라, 다네오카, 여행회사)
매일 3		
틈 1		호텔 예약 (마드리드)
틈 2		아마존에서 스페인 여행 책 주문
틈 3		A4 용지 주문
놀이 1		19시 가압 트레이닝
놀이 2		21시 10분 영화 〈스파이더맨-홈커밍〉
놀이 3		
기타 1		책상 주변 정리
기타 2		
기타 3		

○ '놀이'에는 퇴근 후 할 놀이, 취미, 오락, 가족이나 친구와의 약속 등을 적는다.

○ '기타'에는 긴급도 중요도도 낮은 일을 적는다. 혹은 앞으로 예정되어 있는 업무를 위해 추가로 처리해야 할 일을 써넣기도 한다.

투두리스트를 다 썼다면 처음부터 훑어보면서 그날 할 일 중에 제일 높은 집중도와 긴급도, 중요도가 필요한 일에 표시를 한다. 항목과 내용을 적는 칸 사이의 작은 빈칸에 집중도가 높은 일에는 별표(★)를, 긴급도와 중요도가 높은 일에는 동그라미(◎) 표시를 한다. 별표(★)와 동그라미(◎)가 들어간 업무는 다른 일보다 우선해야 함을 의미한다.

• 여기서 소개한 가바사와식 투두리스트의 일본어 버전은 "http://kabasawa.biz/b/todo.html"에 메일 주소를 입력하면 받을 수 있다. 한국어 버전은 북클라우드 네이버 포스트(https://post.naver.com/my.nhn?memberNo=36404719)에서 다운받을 수 있다.

워라밸을 지키는 쓰기의 힘

취미와 놀이도
투두리스트에 넣자

많은 이들이 놀이나 취미, 오락보다 일을 우선시한다. 그래서 무의식적으로 노는 시간을 희생하고 일을 처리하려고 한다. 하지만 일만 하는 인생은 고달프다. 인생은 즐길 거리가 많아질수록 충만해진다.

그런 점에서 나는 일과 놀이를 똑같이 생각한다. 일과 놀이에 우열은 없다. 열심히 일한 만큼 열심히 논다. 사람들은 내가 여유가 있기 때문에 이렇게 말할 수 있는 거라고 이야기한다.

오히려 반대다. 여유가 있어서 노는 것이 아니라 일을 잘하기 위해서는 잘 놀아야 한다. 놀이 시간이나 인생을 즐기는 시간을 확보해두어야만 일의 능률이 비약적으로 올라가기 때문이다.

놀이 시간은 하루의 스트레스를 풀고 의욕을 재충전하는 시간이다. 그날 쌓인 스트레스를 그날 안에 완전히 풀어야 스트레스나 피로가 쌓이지 않고 매일 능력을 100% 발휘하며 일할 수 있다. 절대 놀이를 소홀히 생각해서는 안 되는 이유다.

따라서 놀이 항목의 투두리스트도 꼼꼼히 챙겨서 쓰자.

○ '놀이'에는 놀이, 취미, 오락과 관련된 일을 쓴다.

나는 "21시 10분 영화"라고 써놓고, 볼 영화가 정해져 있다면 제목도 같이 써넣는다. 이렇게 적어두면 '어떻게든 8시까지 일을 다 끝내고 영화를 보러 가겠어!'라는 동기부여가 된다. 실제로 일이 꽤 많이 몰려 있어도 저녁 8시 반에는 일을 끝내고 영화를 보러 갈 수 있다.

투두리스트에 놀이를 쓰지 않으면 '일이 빨리 끝나면 영화 보러 가고 싶다'라고 막연히 생각할 뿐, 일을 처리하는 데 급급하다 결국 영화를 보려고 했던 생각조차 잊어버리고 만다. 그리고 '좋아! 다 끝났어!' 하고 시계를 본 순간 이미 밤 9시가 넘어 상영 시간을 지나친 후다. 딱 30분만 일찍 일을 끝냈더라면 영화를 볼 수 있었을 텐데, 하고 후회한다.

쓰기만 해도
성공률이 3배 올라간다

"21시 아내와 식사"처럼 매일 하는 일과도 투두리스트의 놀이 항목에 적어야 한다. 요즘 가족과 함께 식사하지 못하는 사람이 많다. 가족과 식사하는 횟수가 주 1~2회뿐이라는 사람도 있다. 이런 사람은 투두리스트의 놀이 항목에 "21시 아내와 식사"라고 쓰기만 해도 식사하는 횟수가 2~3배는 늘어난다.

신기하게도 투두리스트에 놀이 항목을 써두면 그 일이 실현될 확률이 2~3배 올라간다.

투두리스트는 하루에도 몇 번씩 다시 본다. "21시 아내와 식사"라는 글자가 몇 번이고 눈에 들어온다. 9시에 아내와 식사하려면 늦어도 8시에는 퇴근해야 한다. 오후 5시에 투두리스트를 확인했을 때 그다지 일이 진척되지 않았을 경우 '이런 식으로 하다가는 8시에 퇴근하기 힘들겠어'라고 깨닫기 때문에 일의 속도를 좀 더 올려야겠다는 의지가 생긴다. 무의식중에 동기부여가 되고 집중력과 작업 효율이 올라가는 것이다.

실제로 투두리스트에 놀이 항목을 쓰지 않았을 때, 나는 월 2~3편밖에 영화를 보지 못했다. 그러나 놀이 항목에 영화를 쓰기 시작한 최근에는 월 7~8편 이상의 영화를 보고 있다. 영화를 보는 횟수가 2~3배 오른 것이다.

투두리스트에 쓰기만 해도 내용이 의식되고 해야 한다는 가벼운 의무감이 생긴다. 결과적으로 실현할 확률이 큰 폭으로 올라간다. 일과 관련된 투두리스트는 물론 인생이 즐거워지는 놀이에 관한 투두리스트도 쓰는 습관을 들여보자.

나만의
투두리스트 만들기

가바사와식 투두리스트는 기존의 투두리스트와 다른 특징이 있다. 시간대에 따라 달라지는 뇌의 집중력을 고려해서 작성한다는 점과 항목별로 할 일을 3가지만 추려 쓴다는 점이다.

그러나 가바사와식 투두리스트는 어디까지나 하나의 예시일 뿐이다. 핵심은 다음에 할 일을 빠르게 파악할 수 있어야 한다는 점이다.

자신의 업무 방식이나 특수성에 따라 항목을 다르게 설정할 수 있다. 업무 내용을 파악하기 쉬운 나만의 방법을 생각해보자. 또한 투두리스트를 어디에 쓰고 붙여둘지도 달라질 수 있다.

자신에게 가장 잘 맞는 스타일로 틀을 조정해 나만의 오리지널 투두리스트로 발전시켜 사용하면 효과는 더욱 커질 것이다.

집중력이 떨어진 순간,
1초 회복법

● 왜 일이
   손에 잡히지 않을까

매일 투두리스트를 쓰고 있고 다음에 해야 할 일도 충분히 잘 알고 있다. 하지만 어쩐지 일을 시작하지를 못한다. 스마트폰을 만지작거리고 메일 확인을 하면서 쓸데없는 일에만 시간을 다 써버린다. 이런 적은 없는가?

해야 할 일이 있는데도 자기도 모르게 딴짓을 하거나 일을 뒤로 미루다 보면 아무리 시간이 지나도 일은 끝나지 않는다. 기껏 일을 시작했더라도 중간 중간 딴짓을 하면서 머릿속에 두 가지 일을 왔다 갔다 하면 집중력이 낮은 상태가 유지되므로 진행이 느릴 수밖에 없다. 이래서는 매우 곤란하다.

딴짓을 하거나 일을 뒤로 미루는 습관을 확실하게 막아줄 좋은 방법이 있다. 지금부터 소개할 화이트보드 업무법이다.

방법은 매우 간단하다. 우선 A3 크기의 휴대용 화이트보드를 구입한다. 그리 비싸지 않으므로 부담 없이 구매할 수 있다. 화이트보드에 다음에 해야 할 일과 제한 시간을 써넣는다.

○ 신간 원고 2장 확인, 12시까지

화이트보드에 꽉 차게 매우 큰 글씨로 쓰는 게 중요하다. 그리고 화이트보드를 잘 보이는 곳에 걸어둔다. 가능한 가장 잘 보이는 가까운 곳에 두어야 한다. 내 경우에는 노트북을 사용하므로 노트북 바로 뒤에 세워놓는다.

화이트보드 업무법은 투두리스트 중 하나의 일에 집중하는 것이다.
집중력이 떨어질 때면 "신간 원고 2장 확인, 12시까지"라는 글자가 여지없이 눈에 들어온다. 피곤하다거나 집중이 안 된다는 생각이 들면 노트북 화면에서 눈을 떼는데, 화이트보드에 쓰인 글씨가 눈에 확 들어온다. 그러면 '안 돼, 안 돼. 12시까지니까 앞으로 30분밖에 안 남았어. 얼른 끝내야지'라는 생각이 들고 잠시 떨어졌던 시선이 본래의 업무로 되돌아온다.

만약 컴퓨터 화면에서 눈을 뗀 순간 스마트폰이 보인다면 어떨까. 잠깐 문자만 확인해야지, 하고는 바로 딴짓으로 이어질 수 있다. 인간은 어떤 것이 눈에 들어온 순간, 그에 관련된 정보가 머리에 떠오르거나 그것과 연관해 자주 하던 행동을 하려는 성향이 있기 때문이다.

그러므로 집중력이 떨어진 순간, 지금 해야 할 일이 눈에 들어오도록 만들자. 그러면 신기하게도 다시 집중력이 돌아온다. 그리고 일을 끝내겠다는 의지가 생긴다.

할 일을 끝내면 화이트보드의 글씨를 지운다. 글자를 깨끗하게 지우는 행동으로 일을 끝냈다는 성취감과 만족감을 얻을 수 있다. 그리고 다음에 할 일이나 업무를 하나만 화이트보드에 적는다.

쓰기는
곧 동기부여

일을 시작해야 하는데 좀처럼 손을 대지 못하고 미적거리는 사람도 많다. 이럴 때는 다음에 해야 할 일과 함께 제한 시간을 화이트보드에 커다랗게 적어보자.

손으로 글씨를 쓰면 집중력이 올라간다는 사실은 1장의 메모법 편에서도 설명했다. 게다가 큰 글씨는 좀 더 머릿속에 각인되는 효과가 크다. 수첩에 작은 글씨로 쓰거나 컴퓨터 키보드로 치는 것에 비해 커다란 화이트보드에 큰 글씨로 적는 쪽이 집중력을 즉각적으로 올려준다.

화이트보드에 커다랗게 적어두면 글씨를 쓸 때도 다 쓴 글씨를 읽을 때도 '이건 꼭 해야지!'라는 마음이 생긴다. 화이트보드에 할 일을 썼는데도 시작할 마음이 들지 않는다면 소리 내서 읽어보자.

"신간 원고 2장 확인, 12시까지 꼭 끝내야지. 힘내자!"

이렇게 하면 좀 전까지만 해도 있는 줄 몰랐던 의욕과 집중력이 단숨에 20~30% 올라가는 기분이 든다.

화이트보드 업무법은 심리학의 인지부조화 이론을 응용한 방법이다. 인지부조화란 행동과 신념이 일치하지 않는 경우처럼 모순되는 두 가지 인지를 동시에 겪었을 때 느끼는 불쾌감 또는 위화감을 뜻한다. 이를 해소하기 위해 자신의 생각이나 행동이 일치하도록 바꾼다는 것이 인지부조화 이론으로, 미국의 심리학자 레온 페스팅거가 제시했다. 어떤 선택을 했을 때 잘못됐음을 깨달았더라도 그때 느끼는 불쾌함을 해소하기 위해, 자신의 선택이 옳다고 정당화하는 태도가 대표적이다.

화이트보드에 "신간 원고 2장 확인, 12시까지"라고 써둔 글씨가 눈에 들어오면 우리의 뇌는 내용을 인지한다. 하지만 지금 자신의 상황을 보면 원고 확인을 하지 않는 내 모습이 있다. 화이트보드에 쓰인 내용과 자신의 모습이 불일치해 모순되므로 우리는 위화감을 느낀다.

이때 인지부조화를 해소하려면 두 가지 방법밖에 없다. 원고 확인을 시작하거나 화이트보드의 글씨를 지우는 것이다. 둘 중 하나를 선택해야 한다. 하지만 업무를 끝내야만 화이트보드의 글씨를 지울 수 있다는 규칙이 있으므로 바로 글씨를 지우는 쪽을 선택하는 것 역시 불쾌감을 느낀다. 결국 일을 다시 시작할 수밖에 없다.

실천해보면 알겠지만 화이트보드 업무법은 해야겠다는 기분으로 바꿔주고 일을 시작하게끔 도와준다. 심리학 이론을 효과적으로 사용한 업무법이다.

일을 미뤄도 괜찮다

미루는 순간
투두리스트에 적기

'다음 주 출장이네. 호텔 예약해야겠다. 지금은 바쁘니까 나중에 해야지.'

하지만 나중에 하려던 호텔 예약을 깜박 잊어버리고 말았다. 출장 전날에야 실수를 깨닫고 서둘러 인터넷으로 예약하려고 하지만 출장지에 큰 행사가 있는지 빈방이 하나도 없다.

혹시 이런 경험 있지 않은가?

나중에 해야지 하고 그대로 잊어버려서 문제가 발생하거나 클레임이 들어오고 나서야 자신이 깜박했다는 사실을 알아차리는 경우는 비일비재하다. 이렇게 일을 뒤로 미루면서 발생하는 실수는 자주 일어나는 패턴 중 하나다.

특히 일을 미루는 상황은 지금 당장은 다른 일로 바빠서 처리하기 힘들 때가 대부분이다. 즉, 워킹메모리의 용량이 가득 차 있는 상태라는 뜻이다. 그래서 일이 바쁠 때는 기억했다고 생각되더라도 전혀 기억에 남지 않는 경우가 생기는 것이다. 이는 자신의 기억력에 의존해서 일어나는 실수다.

아무리 바빠도
미루면 안 되는 것

일을 뒤로 미루면서 발생하는 실수를 제로로 만드는 방법이 있다. 일을 미루어야겠다고 생각한 순간 투두리스트에 추가하면 된다.

나중에 호텔 예약을 해야겠다고 생각했다면 "출장 호텔 예약"

이라는 몇 글자를 투두리스트에 적어 넣는다. 시간은 10초면 충분하다. 투두리스트는 하루에도 몇 번씩 보기 때문에 그때마다 호텔을 예약해야 한다는 생각이 떠오른다. 그러면 나중에라도 일을 처리할 수 있다. 이를 습관화하면 미룬 일을 잊어버리는 실수는 완전히 사라진다.

가바사와식 투두리스트는 달성한 항목은 삭제하고 달성하지 못한 항목은 다음 날로 넘기기 때문에 끝내지 못한 일이라면 계속 투두리스트에 남아 있다. 오늘 하지 못했다면 내일 하면 될 일이다.

메일 회신 등을 뒤로 미룰 때도 누구에게 메일 회신이라고 투두리스트에 적으면 된다. 중요한 일뿐 아니라 사소한 일도 뒤로 미룰 때는 반드시 투두리스트에 추가하자. 일을 뒤로 미룰 때 발생하는 실수가 놀랍게도 완전히 사라진다.

조정일 활용법

마감일을 어기지 않는 비결

열흘에 하루,
일을 조정하는 시간

스케줄 수첩에 평일, 주말 할 것 없이 일정이 빡빡하게 채워져 있어야 안심이 된다는 사람이 꽤 있다. 하지만 여유가 없는 상황은 워킹메모리에 부담을 주어 실수를 일으키기 쉬운 상태를 만든다. 실수를 할 충분한 여건이 갖추어진 것과 다름없다. 한마디로 빡빡한 스케줄은 실수할 확률을 크게 높인다.

스케줄이 꽉 차 있을 때는 마감일까지 일이 끝나지 않으면 밤을 새워서라도 오늘 중으로 일을 끝내야 한다는 압박감에 시달린다. 다음 날에도 또 다른 스케줄이 이미 들어차 있기 때문이다. 빡빡한 스케줄은 몸과 뇌에 무리를 주어 다음 일정에 악영향을 미친다. 그리고 계속 무리해서 일하다 보면 결국 몸이 버티지 못하고 커다란 실수를 저지른다.

이런 상황에 빠지지 않기 위해 나는 '조정일調整日'을 만든다. 아무런 스케줄도 없는 날을 한 달에 3일, 10일에 1일꼴로 넣어둔다. 조정일에는 미팅, 회의, 회식 등과 같이 사람과 만나는 약속도 전혀 잡지 않는다. 만약 스케줄이 빠듯해 일이 밀려 있다면, 아침부터 계속 책상에 앉아 집중해서 그동안 밀린 일들을 처리한다. 조정일에 특별히 급한 일이 없다면 책상과 주변 정리를 하거나 그동안 일이 바빠서 계속 미뤄왔던 잡일을 한꺼번에 처리한다. 혹은 다음 책의 소재를 찾아두는 등 여유롭게 시간을 활용하며 창의적인 작업을 한다.

조정일을 만들어두면 밀린 일이나 그동안 하려고 생각만 했던 일들을 처리할 수 있다. 단 하루의 조정일로도 계획한 대로 일정을 맞출 수 있고 정신적으로 여유도 생긴다.

바쁘거나 여유가 없는 상황이라면 더욱 적극적으로 추천한다. 나만의 시간표대로 일을 진행하면서도 실수가 줄어드는 매우 효과 높은 스케줄 관리법이다.

마감 2일 전, 나만의 데드라인을 정한다

일을 맡았을 때 우리는 보통 이 정도 일이면 한 달쯤 걸리겠군, 하고 예측한 다음 한 달 뒤를 마감일로 잡는다. 하지만 이상하게도 마감일까지 일을 다 끝내기가 참으로 어렵다.

무사히 마감일을 맞췄더라도 마지막 며칠은 밤샘 작업을 하기도 하고, 상사나 거래처에게 마감일을 미뤄달라는 부탁을 하기도 한다. 그러니 어느 순간 마감일이란 바쁘고 고생하는 날이라는 공식이 생겨난 듯하다.

지난번에 고생한 경험을 교훈 삼아 작업 기간은 한 달을 예상하고서도 마감일은 한 달 반 뒤로 잡기도 한다. 하지만 이럴 때도 이상하게 일하는 데 꼬박 한 달 반이 걸려 마감 때가 되면 다시 바빠진다.

영국의 역사학자이자 경영학자인 시릴 노스코트 파킨슨이

주장한 '파킨슨의 법칙'이 있다. 그중 제1법칙이 "일의 양은 주어진 시간을 다 쓸 때까지 늘어난다"는 것이다.

마감일을 한 달 뒤로 잡으면 일이 끝나는 데 한 달이 걸리지만, 한 달 반 뒤로 잡으면 일하는 데 한 달 반이 걸린다는 뜻이다. 즉, 어떤 일이든 주어진 시간이 소진될 때까지 일하는 시간은 늘어진다. 그럼 어떻게 일하면 좋을까?

나는 마감일 전 2일을 조정일로 잡고 스케줄을 비워둔다. 조정일 전까지 일이 끝나지 않으면 조정일을 사용해 일하면 된다. 제때 일을 끝냈다면 그동안 고생했을 테니 조정일은 휴일로 쓴다.

중요한 점은 '어차피 조정일로 이틀을 남겨뒀어'라고 생각하지 않는 것이다. 조정일 전에 꼭 일을 끝내겠다는 마음가짐과 그러한 환경을 만드는 것이 중요하다.

마감일이 다가올 때쯤에는 자신을 채찍질하면서 정신적으로 긴장을 한다. 이때 집중력을 올려주는 노르아드레날린이 분비되고 일의 진행이 빨라진다. 여름방학 숙제를 마지막 하루 만에 해치우는 초등학생의 상황과 같다.

조정일은 어디까지나 만일의 사태에 대비하기 위한 보험임을 잊지 말자. 처음부터 조정일을 염두에 두고 일을 진행하면 노르아드레날린의 도움을 받지 못하고, 오히려 파킨슨의 법칙에 따라 조정일까지 다 쓰고도 일을 끝내지 못하는 상황에 처할 수 있다.

한편 조정일이 마련되어 있으면 일을 끝내지 못하는 불가피한 상황에 대한 대비책으로서 심적인 여유를 얻을 수 있다. 즉, 마감일이 다가올 때 패닉 상태에 빠지지 않고 머릿속이 하얘지지도 않아서 실수를 줄일 수 있다.

이처럼 단 2일뿐일지라도 조정일을 설정해두면 일의 효율을 올리고, 실수를 방지하는 일석이조의 효과를 누릴 수 있다. 속는 셈 치고 스케줄에 조정일을 짜 넣어보길 바란다.

한꺼번에 처리할 수 있는 일은 없다

양면작전과
각개격파

2차 세계대전 때 프랑스를 점령하고 전쟁을 유리하게 이끌어 나갔던 나치 독일이 마지막에는 연합군에게 대패했다. 그 이유는 무엇이었을까?

몇 가지가 있지만 가장 큰 원인은 영국과 전쟁을 이어나가면서 독소불가침조약을 파기해버리고 소련을 공격한 탓이다. 독일군은 압도적인 기세로 모스크바까지 쳐들어갔고 겨울이 오기 전에 승리를 거머쥘 참이었다. 하지만 소련군의 저항이 생각보다 격렬해 전쟁 중에 겨울을 맞이하고 말았다. 독일은 겨울용 장비가 불충분했던 탓에 극도로 추운 소련의 날씨를 이겨내지 못하고 큰 타격을 입었다.

독일군이 패배한 전략이 바로 양면작전이다. 동시에 두 방면의 적을 상대하는 군사 작전으로, 서쪽에서는 영국군과 싸우고 동쪽에서는 소련군과 싸웠다. 전력을 반으로 나누어 싸워야 하는 그야말로 불리한 작전이었다. 영국을 항복시킨 다음에 전력을 다해 소련을 공격해야 했는데, 소련은 쉽게 이길 수 있다고 방심한 나머지 절대 해서는 안 될 전략을 짠 것이다.

적을 하나씩 물리치는 각개격파가 승률이 높다. 초등학생도 알 만한 사실이지만 히틀러가 범함 실수를 우리도 일상생활에서 종종 저지르고 있다.

예를 들면 A기업과 프로젝트를 진행하고 있는데 영업부에서 B기업과의 대형 프로젝트를 수주해 왔다. 두 개의 큰 프로젝트를 동시에 진행하는 바람에 인원은 턱없이 모자랐고 매일같이 야근하며 격무에 시달리는 상황에 처했다.

이런 경우도 있다. 비즈니스 분야 작가인 친구 C는 첫 책이

베스트셀러가 된 이후로 집필 의뢰가 쇄도했다. 신이 난 C는 동시에 2곳의 대형 출판사와 신간 계약을 하고 말았다. 한 권 쓰기에도 벅찬 시간에 두 권을 동시에 진행하자니 살인적인 스케줄이 되었다. 어느 책에도 충분한 시간을 들이지 못했다. 결국 C의 신간은 평범한 작품이 되었고 판매량도 매우 저조했다. 대형 출판사 2곳에서 책을 낼 수 있다는 욕심에 양면작전을 펼쳤다가 큰 실패를 맛본 것이다.

연애할 때 양다리를 걸치는 경우도 마찬가지다. 둘 다 사랑한다느니 둘 모두 놓치기 싫다는 것은 이유가 되지 못한다. 당연한 일이지만 양다리는 많은 경우 실패로 끝난다.

전쟁이든 비즈니스든 연애든 양면작전은 에너지를 분산시키고 집중력도 능력도 떨어뜨린다. 뇌과학적 관점에서 봤을 때도 양면작전은 결코 성공할 수 없다. 입력되는 정보량이 2배가 되므로 워킹메모리가 여지없이 패닉 상태에 빠진다. 실수가 곳곳에서 일어나 틀림없이 결과가 좋지 않다.

눈앞의 일에 집중해서 하나의 적을 완전히 격파하고 나서 다음 적과 싸우는 각개격파 전략이 유효하다. 항상 각개격파를 의식하면서 눈앞의 일에 최선을 다하는 것이 가장 승률이 높고 실수와 실패를 줄일 수 있는 방법이다.

끊임없는 잡무
10초 만에 해결하기

두 가지 일도 동시에 하기 힘든데 회사에서는 잡다한 일들이 한꺼번에 몰려드는 경우가 부지기수다. 이렇게 여러 가지 일을 동시에 맡으면 패닉 상태에 빠진다.

"프로젝트 수정안, 스태프에게 메일로 보내줘."

"본부장님께 오늘 스케줄 20분만 비워달라고 해줘."

"어제 회의 요약해서 워드로 정리해줘."

"경비 정산 좀 제일 먼저 처리해줘."

"다음 주에 있을 거래처 미팅 장소 알아봐서 예약해줘. 그리고 미팅 때 논의할 자료도 먼저 정리해서 주고, 혹시 모르니 돌아갈 때 타고 갈 콜택시도 미리 알아봐줘."

일 하나하나를 떼어서 보면 그리 어렵지 않다. 하지만 이 모든 일이 한꺼번에 들어오고 "오늘 4시까지 처리해줘"라고 시간까지 정해진다면 그야말로 머릿속이 하얘진다.

지금까지 말했듯이 뇌의 워킹메모리 용량은 기껏해야 3개다. 사람은 보통 3개 이상의 일을 한꺼번에 들으면 혼란이 온다. 우리가 패닉 상태에 빠지는 뇌과학적 이유는 워킹메모리의 용량이 초과

됐기 때문이다.

패닉 상태에 빠지는 원인을 알았으니 대책을 세우기는 쉽다. 뇌에 빈 공간만 만들어주면 된다.

"프로젝트 수정안, 스태프에게 메일로 보내줘"라고 들었다면 그 즉시 "A, B, C씨에게 수정안 메일 보내기"라고 투두리스트에 적자. "본부장님께 오늘 스케줄 20분만 비워달라고 전해줘"라고 들었다면 바로 "본부장님 스케줄 연락, 20분"이라고 적자.

이처럼 업무 내용을 20자 이내로 적는 데 10초 이상 걸리지 않는다. 본부장님께 전화만 하면 1분 안에 끝나는 일이므로 메모할 필요는 없다며 10초를 아끼다가는 깜박 잊고 지나쳐버리는 중대한 실수를 저지를지도 모른다.

만일 근처에 투두리스트가 없다면 메모지에 적어도 상관없다. 추가로 일이 발생할 때마다 투두리스트나 메모지에 적는 습관을 들이는 것이 중요하다.

나중에 메모를 보며 업무를 다시 확인할 수 있으므로 쓴 다음에는 바로 잊어버려도 된다. 메모를 쓰는 순간 워킹메모리의 상자 1개가 비워지고 여유가 생긴다.

메모하는 습관을 들이면 워킹메모리에 항상 여유가 생겨서 결과적으로 패닉 상태가 되거나 머리가 하얘지는 일은 사라진다.

뽁뾱이를 터뜨리듯
하나씩 끝내기

2가지 일을 동시에 진행하면 뇌의 효율이 떨어지고 실수가 발생하기 쉽다. 이 부분은 '1장 입력' 편에서 자세히 설명했는데 출력의 경우도 마찬가지다.

핵심은 2가지 일을 동시에 진행하면 안 된다는 것이다.

상사가 "프로젝트 수정안, 스태프에게 메일로 보내줘"라고 말하자 곧바로 수정안을 A씨에 메일로 보냈다. 이제 다른 사람들에게도 메일을 보내려고 하는데, 상사가 다시 와서 "급한 일이야. 본부장님께 오늘 스케줄 20분만 비워달라고 해줘"라고 말했다. 급한 일이라고 하기에 하던 일을 중단하고 본부장님께 전화를 드렸다. 이후 다시 나머지 스태프에게 수정안을 보내는 일로 돌아와 C씨에게 메일을 보냈다.

다음날 크게 화가 난 B씨에게 전화가 걸려 왔다. "왜 저에게만 수정안을 보내주지 않았죠?" 하고 말이다. 스태프 3명에게 메일을 보내다가 다른 일을 한 탓에 B씨에게 메일을 보내지 않는 실수를 저지른 것이다. 새로운 정보가 들어오는 순간 워킹 메모리의 용량이 초과되어 'A씨까지 메일을 보냈다'는 정보가 날아가버렸기 때문이다.

일은 기본적으로 하나씩 처리해야 한다. 하나의 일을 중단한 채 방치해두고 다른 일을 진행하면 이런 실수가 발생하기 쉽다. 일이란 뽁뽁이와 같다. 뽁뽁이는 비닐 사이에 올록볼록 공기를 집어넣은 것으로, 깨지기 쉬운 물건을 포장할 때 완충재로 쓰인다. 다른 이름도 있지만 볼록 부푼 곳을 터뜨리면 나는 소리를 따서 뽁뽁이라고 불린다. 누구나 한 번쯤 뽁뽁이를 터뜨려본 적이 있을 것이다. 크게 힘주지 않아도 톡톡 터지는 뽁뽁이라도 전부 터뜨리려면 꽤 힘이 든다. 생각만 해도 지루한 이 작업을 가장 효율적으로 끝내는 방법은 무엇일까?

그것은 순서대로 하나씩 터뜨리는 것이다. 이 방법 외에는 없다. 예전에 자칭 팔씨름왕이라는 지인에게 뽁뽁이 터뜨리기를 시켜본 적이 있다. 가로세로 20센티미터쯤 되는 크기의 뽁뽁이였다. 지인은 뽁뽁이를 한꺼번에 쥐어서 터뜨리려고 했다. 하지만 손을 펼쳐보니 3분의 1 정도가 터지지 않고 남아 있었다. 제아무리 팔 힘이 세다 한들 한꺼번에 모든 뽁뽁이를 터뜨리기란 불가능했다.

일도 마찬가지다. 일을 잘하는 사람이나 워킹메모리의 용량이 남들보다 많은 사람이라면, 몇 개의 일을 동시에 처리할 수 있을 것 같다. 하지만 그들이 일하는 모습을 자세히 살펴보면 개개의 일을 하나씩 빠르게 해치우는 것임을 알 수 있다.

중요도나 난이도에 차이가 없고 일처리에 필요한 집중력도 비슷한 일들이 쌓여 있다면, 지금 눈앞에 놓인 일부터 하나씩 집중해서 처리해 나가자. 이 방법이 가장 효율적이고 정확도가 높다.

100점을 노리는 순간
100점에서 멀어진다

●
일이 쉽게
끝나지 않는 이유

나는 인터넷과 SNS를 공부하면서 강연과 출판을 목표로 하는 사람들이 모인 공부 커뮤니티를 운영하고 있다. 회원 수는 200명 정도이며 매년 10명 이상이 책을 출판하는 꿈을 이룬다.

내 경우에는 책의 초고를 집필하는 데 1개월 정도가 걸린다. 그러나 처음 책을 쓰는 사람은 원고를 쓰는 속도가 매우 느리다. 3개월 안에 탈고하는 것은 꽤 빠른 편에 속한다. 대부분 6개월 이상 걸리며 경우에 따라서는 1년 이상 걸릴 때도 있다. 이처럼 집필 기간이 5~10배나 차이 나는 이유는 무엇일까?

신인 작가가 좀처럼 글을 빨리 쓰지 못하는 이유는 100점을 목표로 원고를 쓰기 때문이다. 신인 작가들은 대부분 '처음 쓰는 책이니만큼 최고의 책을 만들겠어!'라는 의욕에 불타오른다. 그 결과 하루에 400자 원고지 몇 쪽도 다 채우지 못한다.

처음은 30점을 목표로 한다

반면 나는 30점을 목표로 원고를 쓰기 시작한다. '30점이라니, 너무 기준치를 낮게 잡은 거 아니야?'라고 지적할지도 모르지만 이는 틀림없는 사실이다.

좀 더 정확하게 말하자면 30점을 노리고 일단 끝까지 글을 쓴다는 것이 목표다. 30점은 임의로 정한 점수로 20점이든 40점이든 상관없다. 일단 끝까지 다 쓴다는 점이 중요하다.

마지막까지 글을 다 쓰면 인쇄해서 글을 보충하거나 고치는 수정 작업에 들어간다. 1번 수정하면 글은 30점에서 50점이 된다. 2번째에서는 50점을 70점으로 만들기 위해 글을 퇴고한다. 그리고 3번째 수정할 때는 70점이 90점이 되도록 수정한다. 이런 방식으로 이미지화해서 원고의 질을 높인다.

처음부터 100점을 목표로 하면 초고에서 깊이 있는 내용과 유려한 문장으로만 글을 써야 한다. 신인 작가에게는 쉽지 않은 일이다. 글은 앞으로 나가지 않고 한 문장 한 문장 다듬는 데 시간을 허비할 뿐이다.

일단 끝까지 글을 써보지 않으면 전후 맥락을 파악하기가 어렵다. 처음부터 다시 글을 읽으면서 다듬는 작업은 꼭 필요하다. 다시 말해 첫 집필에서 100점 수준으로 글을 쓴다는 것은 누구라도 불가능하다.

서투른 문장이라도, 오탈자가 마구 섞여 있어도 좋으니 끝까지 글을 쓰는 것이 우선이다. 그런 다음 수정 작업에 많은 시간을 할애할수록 글은 좋아진다. 처음부터 정확도 높은 문장을 쓰려고 시간을 끌다 보면 나중에 수정 작업을 할 시간이 모자란다. 결국 내용을 다시 확인할 시간이 없어서 실수가 일어나는 원인이 된다.

30점 목표법에 따르면 4주간 글을 쓰는 경우 먼저 2주 동안 처음부터 끝까지 단숨에 써 나간다. 남은 2주 동안은 수정 작업을 한다. 충분한 시간을 들여 확인하므로 실수할 확률이 제로에 가까워진다.

회사에서 서류를 쓸 때도 마찬가지다. 처음부터 정확도 높은 문서를 쓰려 하지 말고 일단 끝까지 써본 다음 세세한 부분을 채워 나가자. 전체에서 부분으로 넘어가는 흐름을 잊지 말자.

처음부터 100점을 목표로 하면 마감 기한이 다 돼서 100점을 만들 수 없다. 처음에 30점을 목표로 잡으면 결국 마지막에는 100점의 작품을 완성할 수 있다.

✔ 실수하기 쉬운 시간대와 요일을 피해서 뇌가 쌩쌩할 때 일하자.

✔ 긴급도와 중요도에 집중도를 추가한 가바사와식 투두리스트를 활용하자.

✔ 취미나 놀이에 대한 일정도 투두리스트에 적어두면 실현율이 올라간다.

✔ 조정일을 넣으면 일에 여유가 생긴다.

✔ 일은 30점을 목표로 일단 끝낸다. 30점에서 조금씩 수정하며 완성도를 높이자.

사고

이 장의 내용

잠재력을
능력으로 바꾸는
시스템을 만든다

자기통찰력을 깨우는 사고법

집중력과 뇌 피로를 인지하는 자기통찰력이 뇌의 활동력을 결정짓는 열쇠다. 뇌를 최상의 상태로 유지할 수 있는 3분 일기 요법, SNS 활용법 등의 구체적인 사고법을 알아보자.

나를 아는 힘,
자기통찰력

**그래도 여전히
실수를 한다**

이제까지 일상생활에서 일이나 공부를 할 때 실수를 줄이고 효율을 높이려면 어떻게 해야 하는지를 입력과 출력으로 나누어 알아보았다. 몇몇 독자는 앞에서 설명한 여러 구체적인 방법들을 실제 생활에서 실천해보기도 했을 것이다. 그리고 이렇게 말할지도 모르겠다.

"이것저것 다 해봤지만 아직도 일할 때 실수를 합니다."

입력과 출력 단계에서 실수를 줄이는 방법은 실천만 하면 바로 변화를 확인할 수 있다. 의학 용어로 설명하면 대증요법에 해당하는데, 단점은 병의 원인이 아닌 증세만 처치한다는 점이다. 즉효성이 뛰어나지만 근본적인 원인을 치료해주지는 못한다.

원래부터 실수가 잦은 사람이라면 조금이라도 신경이 분산되는 순간 다시 실수를 저지르고 만다. 이와 같은 실수 체질에서 벗어나기란 쉽지 않다. 이러한 사람들에게는 병의 원인을 파고들어 치료하는 원인요법이 필요하다.

'3장 사고' 편에서는 '실수 체질'이라고 할 만큼 실수가 잦은 사고 패턴을 지닌 사람을 근본적으로 치료해주는 원인요법을 소개하겠다.

이 사고법을 몸에 익히면 실수할 확률이 극도로 줄어들며 만약 실수를 저질렀다 해도 간단히 회복할 수 있다. 또 자신감이 충만해져서 실수나 실패를 두려워하지 않는다. 실수하지 않는 사고법은 한번 익혀두면 평생 사용할 수 있어서 실수가 잦은 사람들에게 든든한 지원군이 되어줄 것이다.

최근에 실수가 늘어난 경우가 아니라 원래부터 실수가 많았다면 3장의 내용을 실천해서 실수하지 않는 사고법을 익혀두길 바란다.

앞에서 설명한 집중력 저하, 워킹메모리 기능 저하, 뇌 피로, 뇌 노화 등 실수의 4대 원인을 모두 제거할 수 있다면 이론적으로 실수할 확률은 제로가 된다. 물론 실제로도 가능한 일이다.

① 지금 나의 집중력은 높은가, 낮은가?
② 나의 워킹메모리는 많은 편인가, 적은 편인가?
③ 지금 나의 뇌는 피곤한가?
④ 최근 뇌 노화가 진행되지 않았는가?

위 4가지 사항을 정확하게 평가할 수 있다면 실수하기 쉬운 상황을 피할 수 있다.

○ '요즘 잠이 부족해 피곤이 쌓인 데다 오늘도 쉬지 않고 일하느라 많이 지쳤어. 10원도 틀리면 안 되는 중요한 결산서 확인은 지금 하면 위험해. 오늘은 푹 자고 내일 오전에 끝내자.'

○ '지금은 3시간 동안이나 쉬지 않고 작업해서 집중력이 떨어졌으

니까 최종 서류 확인은 조금 쉰 다음에 도시락을 먹고 나서 하자.'

이렇게 자신이 실수를 저지르기 쉬운 위험한 상황임을 인지하고 있다면 실수를 미연에 방지할 수 있다. 위와 같이 자신을 모니터링하는 능력을 '자기통찰력'이라고 부른다.

심리학에서는 자신의 심리 혹은 감정 상태를 돌이켜보는 일을 '내성內省, introspection'이라고 부른다. 자신을 돌아보는 능력이 뛰어난 사람을 내성 경향이 높다고 말하기도 한다. 덧붙여 정신질환에 걸리는 사람 대부분은 내성 경향이 낮은 편이다.

내성이라는 말은 일반적이지 않고 이해하기 어렵기 때문에 이 책에서는 '자기통찰력'이라는 말을 쓰고자 한다. 내성은 마음이나 정신적인 면을 되돌아보는 능력을 가리킨다. 반면 이 책에서 말하는 자기통찰력은 마음과 몸 모두를 모니터링하는 능력을 뜻하는 것이다.

실수하지 않는 사고는 오른쪽의 3단계로 이루어진다.

첫 번째 단계가 바로 자기통찰이다. 실수를 저지르기 전에 예방을 위해서도, 혹은 실수를 한 다음 원인을 찾기 위해서라도 자기통찰은 제일 먼저 거쳐야 할 단계다.

두 번째는 원인 규명이다. 현재의 상태 혹은 저지른 실수에

| 실수하지 않는 3단계 사고법 |

1단계 : 자기통찰

○ 지금 나의 컨디션은 좋은가, 나쁜가?

○ 지금 나의 집중력은 높은가, 낮은가?

○ 지금 나는 일하기에 가장 좋은 상태인가?

○ 지금 일어나기 쉬운 실수나 실패에는 어떤 것이 있을까?

2단계 : 원인 규명

○ 이번 실수는 왜 일어났는가, 그 원인은 무엇인가?

○ 실수의 원인은 집중력 저하, 워킹메모리 기능 저하, 뇌 피로, 뇌 노화 중 어느 것에 해당하는가?

○ 만일 지금 피곤하다면 원인은 무엇인가?

3단계 : 대책

○ 만일 지금 피곤하다면 피로를 해소하기 위해 무엇을 해야 하는가?

○ 지금 일어날 법한 실수를 막으려면 무엇을 해야 하는가?

○ 만일 실수나 실패를 한다면 어떻게 대처해야 하는가?

○ 피해나 손해를 줄이려면 무엇을 해야 하는가?

○ 일어난 실수를 반복하지 않으려면 앞으로 어떤 점을 고쳐야 하는가?

대한 원인을 생각한다.

마지막으로 대책을 생각한다. 실수를 막기 위해서 무엇을 해야 할지, 만약 실수가 벌어졌을 때 어떻게 하면 손해를 줄일 수 있을지를 미리 생각해본다.

항상 머릿속에서 3단계의 질문들을 스스로 묻고 답하다 보면 실수가 두렵지 않다. 왜냐하면 사고법이 능숙해지면 실수가 거의 일어나지 않는 데다, 만일 실수한다 해도 미리 정해둔 대처법에 따라 빠르게 처리할 수 있기 때문이다.

실수를 없애는 3단계 사고법을 제대로 이행하려면 자기통찰력이 필요하다. 자기통찰이 안 되면 '나의 컨디션은 좋은가?' '지금 나의 집중력은 높은가?'라는 첫 단계 질문부터 막히고 만다. 그리고 1단계에서 자기통찰을 잘못하면 2단계 원인 규명도, 3단계 대책도 모두 틀린다.

내 몸은 내가 제일 잘 안다는
착각

환자에게 "환자 분의 몸과 마음 상태를 파악해봅시다"라고 말하면 "제 몸은 제가 제일 잘 아니까 괜찮습니다"라는 대답이 돌아온다.

내 몸은 내가 제일 잘 안다는 생각은 완전히 잘못된 믿음이다. 자신의 몸과 마음 상태를 스스로 정확하게 파악하기란 매우 어렵다. 몸과 마음 상태를 명확히 알 수 있다면 우울증에 걸릴 일은 없을 것이다. 건강한 뇌에서 피곤한 뇌로 한 발짝 뒷걸음질 치는 순간 '아, 조금 피곤해졌군. 쉬어야겠어' 하고 진단하고 대책을 세울 수 있다면, 뇌 피로 상태를 지나 우울증에 빠지는 일은 일어나지 않는다.

내가 만난 환자를 예로 살펴보겠다. 40대 남성 A씨가 아내와 함께 진료를 보러 왔다. 1시간 정도 상담한 결과 의욕 저하와 우울한 기분 등 전형적인 우울증 증상을 보였다. 우울증은 증세에 따라 경도, 중등도, 중도(고도), 최중도(최고도)로 심해지는데, A씨는 중등도에서 중도 사이의 상태였다. 아직 입원해야 할 정도는 아니었지만, 이대로 방치하면 입원이 필요한 단계로 나아갈 위험이 있었다. 한마디로 A씨의 상태는 좋지 않았다. 나는 의사로서 자택 요양을 권했다.

"전형적인 우울증 증상입니다. 일을 계속해서는 곤란하고 당분간 집에서 쉬면서 요양해야 합니다. 한 달 정도 자택 요양이 필요하다는 진단서를 써드릴게요."

"아니요, 괜찮습니다. 지금 바쁜 시기라 회사를 빠질 수는 없어요. 진단서는 필요 없습니다."

A씨는 입원 전 단계에 해당하는 정신 상태임에도, 스스로 괜찮다고 느끼고 있었다.

직장에서 이런 일도 자주 생긴다. 꼼꼼하게 일처리를 해오던 C씨는 최근 서류를 쓸 때 실수하는 일이 많아졌다. B과장은 부하 C씨의 상태가 걱정되었다. 그러던 중 C씨가 거래처와의 중요한 미팅 약속을 어기고 말았다. B과장은 C씨를 불러 말했다.

"미팅을 깜박하다니, 이게 어떻게 된 거야? 거래처에서 엄청 화가 나서 계약을 취소하겠다잖아. 요즘 일할 때 실수도 많아지고 어디 몸이라도 안 좋은 거 아니야?"

"아닙니다. 괜찮습니다. 깜박 잊어버렸을 뿐이에요. 앞으로는 절대 이런 일 없도록 하겠습니다."

C씨는 괜찮다고 했지만, 정말 그럴까? 나의 진단으로는 뇌 피로 상태가 중도이거나 경도의 우울증이 의심된다. 병원에 가서 진찰을 받아야 할 단계다. 그러나 C씨는 스스로 괜찮다고 느끼고 있다. 이 차이는 어디에서 기인할까?

단언컨대 이는 자기통찰력이 낮아서 일어나는 현상이다. 스

병원에 찾아오는 환자 대부분은 자신의 증상을 실제보다 훨씬 가볍게 느낀다. 전혀 괜찮지 않은 환자들이 아무렇지 않은 얼굴로 "괜찮습니다. 입원할 필요는 없어요"라거나 "괜찮습니다. 통원도 약도 필요 없어요"라고 말한다.

한마디로 자기통찰력이 낮은 사람은 자신이 무리하고 있다는 사실을 전혀 알아차리지 못한다. 심각한 상태를 인식하지 못하고, 심지어 병에 걸린 상태조차 인지하지 못한다. 게다가 정신질환에 걸리면 자기통찰력은 한층 더 떨어진다. 자기 상태를 파악하는 것이 더 힘들어지기 때문에 상태를 악화시키는 악순환에 빠진다.

그럼에도 내 상태는 내가 판단할 수 있다고 우기는 사람이 있다. 커다란 착각이다. 한 연구에서 실제 수면 시간과 자신이 잘 자고 있는지 아닌지를 느끼는 자각 증상의 상관관계를 조사했다. 그 결과 수면 시간이 부족한 사람일수록 자신은 잘 자고 있다고 답했다고 한다. 수면 시간이 부족할 때도 역시 자기통찰력이 떨어진다. 자기통찰력이 제대로 기능하지 못하기 때문에 수면 시간이 충분하지 않은데도 스스로는 잘 자고 있으니 수면 부족이 아니라는 건강 불감증에 빠지는 것이다.

정신 건강을 구분하는 4단계(40쪽)에서 '최상의 뇌'나 '건강'한 상태에 해당한다면 자기통찰력이 높으니 자신의 상태를 꽤 정확하게 파악할 수 있다. 하지만 '뇌 피로'로 한 발짝 내려가는 순간 자기통찰력이 떨어져서 자신이 피곤한지 아닌지도 모른다.

노동 착취를 일삼는 블랙기업에 다니면서 잠이 모자라고 피로가 쌓여 우울증 상태에 들어섰는데도 '일이 바쁘니까' 하며 가볍게 생각하고 자신을 방치한다. 결국 우울증이 악화되어 최악의 경우 자살을 선택하는 비극적인 일이 일어나기도 한다.

이와 같은 비극을 막으려면 평소에 자기통찰력을 충분히 높여둘 필요가 있다. 자기통찰력이 높으면 컨디션이 나빠질 때 자신의 상태를 객관적으로 관찰하고 판단할 수 있다.

- × 피곤하다.
- × 잠이 부족하다.
- × 집중이 잘 안 된다.
- × 요즘 실수가 늘었다.

위와 같이 뇌가 피곤해질 때 나타나는 초기 증상을 스스로 알아차리면 조금이라도 더 빨리 대응할 수 있다.

피곤하다고 말할 수 있는 사람이
   건강하다

전혀 괜찮지 않은 상태인데도 스스로는 괜찮다고 느끼는 심리 상태를
심리학 용어로 '부인否認'이라고 한다. 부인이란 누군가에게 바른말
을 들었을 때 자신도 모르게 부정하고 싶어지는 마음을 말한다.
자신은 피곤한 상태임에도 불구하고 이 점을 스스로 인정하고
싶지 않다거나 다른 사람에게 알리고 싶지 않은 심리에서 나오
는 방어기제다.

가령 여러 검사 결과 주치의로부터 "당신은 암입니다"라고 선
고받은 환자가 "제가 암일 리 없습니다. 이 병원은 믿지 못하겠
으니 좀 더 큰 병원에 가서 검사받겠습니다"라고 말하는 경우도
부인에 해당하는 심리 상태를 보이는 것이다.

몸이나 마음이 병에 걸리면 모니터링 능력이 정상적으로 작
동하지 않는다. 자신을 정확히 파악하지 못하는 것이다.

앞서 A씨나 C씨와 같은 상황이 자기통찰력이 높은 D씨에게
일어났다면 어땠을까? B과장이 미팅 약속을 지키지 못한 것에
대해서 추궁을 했을 때 D씨라면 이렇게 대답했을 것이다.

"정말 죄송합니다. 요즘 계속 야근하면서 잠을 못 자는 바람

에 실수로 스케줄 수첩에 약속 날짜를 잘못 적었습니다. 앞으로 는 이런 일 없도록 주의하겠습니다."

자기통찰력이 높은 D씨는 상황을 부인하지 않고 내가 지쳐 있는 상태임을 인정한다. 설사 직접 말은 못하더라도 자신이 피 곤한 상태라는 것을 알고 받아들인다. 계속 괜찮다고 말하는 사람 은 전혀 괜찮지 않으며, 오히려 피곤하다고 솔직하게 인정하는 사람이 건강한 사람이다.

이제부터는 자기통찰력을 높이는 사고법을 비롯해 실수의 원인을 찾는 사고법, 확인하는 사고법, 수치화하는 사고법 등 실수하지 않는 사고법을 손에 넣기 위한 실천법을 소개하겠다.

자기긍정력을 키우다

● 단 6줄로
하루를 정리한다

　자기통찰력의 중요성은 충분히 이해했으리라 생각한다. 지금부터는 자기통찰력을 높이려면 구체적으로 무엇을 해야 하는지 알아보자.

　가장 효과적인 방법은 일기 쓰기다. 매일 일기 쓰는 건 힘들다고 생각하는 독자를 위해 3분 안에 일기 쓰는 방법을 소개하겠다. 간단하다. 오늘 있었던 일 중에서 힘들었던 일과 즐거웠던 일을 3가지씩 쓴다. 힘들었던 일은 답답했던 일, 안타까웠던 일, 불쾌했던 일, 업무상의 실패 등 부정적인 감정을 느꼈던 일을 말한다. 반대로 즐거웠던 일은 재밌었던 일, 기뻤던 일, 행복했던 일, 설레었던 일, 크게 웃었던 일, 업무상의 성공 등 긍정적인 감정을 느꼈던 일을 말한다.

일기를 쓰기 시작한 지 얼마 안 됐을 때는, 힘들었던 일 3가지는 쉽게 써지는데 즐거웠던 일이 좀처럼 떠오르지 않을 수 있다. 그렇더라도 아무리 사소한 일이라도 좋으니 즐거웠던 일은 3가지를 꼭 채우자.

○ 잠을 푹 잤다.
○ 아침에 일어날 때 기분이 상쾌했다.

위의 예시처럼 자신의 몸과 마음 상태를 확인해서 컨디션이 좋았거나 나빴던 경우를 떠올리면 다양하게 적을 수 있다.

반면 힘들었던 일은 무리해서 3가지 다 적을 필요는 없다. 힘들었던 일이 없었다면 "없음"이라고 적자. 즐거웠던 일은 많으면 많을수록 좋으므로 5개든, 10개든 가능한 한 많이 써보자.

| 3분 일기 쓰기 요법 |

힘들었던 일

○ 아침에 전철이 평소보다 더 혼잡했다.

○ 작성한 서류에 실수가 있어서 상사에게 혼났다.

○ 일이 잘 안 풀렸다.

즐거웠던 일

○ 점심시간에 처음 간 라면 가게 음식이 맛있었다.

○ 신규 계약을 따냈다.

○ 빌려온 DVD 영화가 의외로 재밌었다.

힘들었던 일을 먼저 쓰고 즐거웠던 일을 나중에 쓰자. 다 썼을 때 즐거웠던 일이 주는 긍정적이고 밝은 기분을 느끼면서 일기 쓰기 작업을 끝내기 위해서다. 힘들었던 일을 나중에 쓰면 일기를 쓴 다음에도 부정적인 감정이 이어진다.

처음에는 1줄씩 간단하게 써도 상관없다. 하나의 일에 대해 한 줄씩 쓰면, 힘들었던 일 3줄, 즐거웠던 일 3줄로 총 6줄이면 된다. 길게 쓰는 것보다 매일 꾸준히 쓰는 것이 중요하다.

오늘 하루를 되돌아보고 어떤 일이 있었는지 떠올리면서 자신과 마주하는 습관이 자기통찰력을 올려준다.

우울증을 낮게 한
긍정 일기 요법

환자에게 3분 일기 쓰기 요법을 알려주면 처음에는 전혀 쓰지 못하는 경우가 대부분이다. 혹은 힘들었던 일은 많은데 즐거웠던 일은 하나도 없다고 말하는 사람이 많다.

처음에는 쓰기 어려워도 한 달, 두 달 꾸준히 쓰다 보면 점점 많이, 길게 쓸 수 있다. 하나의 일에 대해 길게 쓰고 싶을 때는 몇 줄로 늘어나도 좋으니 최대한 구체적으로 쓰자. 얼마나 써야 한다는 제한이 없으니 쓰고 싶은 만큼 쓰자. 자신과 마주하고, 자신의 생각, 감정과 마주하면 쓰고 싶은 일이 많이 떠오른다.

신기하게도 처음에는 1줄도 못 쓰겠다던 환자가 3~6개월 정도 지속하자 하루에 1쪽씩 쓰기도 했다. 그리고 하루에 1쪽씩 일기를 쓰고 나서 환자의 병은 놀라운 속도로 낫기 시작했다. 일기 쓰기로 자기통찰력이 비약적으로 향상돼 자신의 몸과 마음의 상태를 정확하게 파악해 치료에 대한 동기부여가 됐기 때문이다.

매일 일기를 쓰면 지금 나의 상태가 상승세인지 하락세인지가 분명해진다. 아프다, 나른하다, 괴롭다와 같이 막연하게 느끼는 자신의 생각과 감정, 상태를 글로 가시화하면 자신에게 일어나는 변화를 빠르게 알아차릴 수 있다. 그리고 정신적으로 좋아지고 있다거나 병이 낫고 있다고 스스로 느끼기 시작하면 이때부터 치료 속도는 거짓말처럼 빨라진다.

처음에는 귀찮을 수 있다. 그러나 3분 일기 쓰기는 자기통찰력을 향상시키는 가장 좋은 방법이므로 꼭 실천해보자. 자기통찰력이 올라가면 생각이 긍정적인 방향으로 바뀐다. 자신의 삶에서 많은 즐거움을 발견하기 때문에 사고방식도 행동도 긍정적으로 변하는 것이다.

SNS 활용법

일상에서 영감을 얻는
깊이 생각하는 습관

● '좋아요'는
　동기부여가 된다

　3분 일기 쓰기 요법은 지속하면 반드시 효과가 나타나지만 "매일 일기를 쓰기는 어렵다"고 말하는 사람이 많다. 그런 사람은 페이스북과 같은 SNS를 활용해보자.

　하루가 끝나갈 즈음, 오늘 일어난 일 중에서 인상적인 일을 일기 형식으로 정리해보자. 처음에는 200자 정도의 짧은 글로 시작

해도 좋다. 익숙해지면 400자 이상도 쓸 수 있고 쓰면 쓸수록 재미가 붙어서 그만두기 어려워진다.

SNS는 혼자 말하는 것이 아닌 상대방을 염두에 두고 이야기를 하는 느낌이 들고, 실제로 SNS 친구와 소통을 할 수도 있다. 친구들이 '좋아요'를 누르거나 댓글을 달아주면 동기가 유발되어 즐기면서 계속 쓸 수 있다.

SNS에 올리는 글도 일기를 쓸 때처럼 즐거웠던 일을 중심으로 쓴다. 긍정적인 사고를 기르는 데 도움이 되기 때문이다. 험담이나 비방, 근거 없는 말로 남을 깎아내리는 내용은 쓰지 말자. 스트레스를 해소한다는 이유로 남을 험담하는 글을 써야겠다면 아무도 보지 않는 노트에 적으면 된다.

특히 SNS는 누가 읽을지 알 수 없다는 점을 명심하자. 그렇기에 긍정적인 내용이나 자신의 생각을 정리해서 써야겠다는 책임감이 생기기도 한다.

사생활을 공개하는 데 크게 부담을 느끼지 않는다면, SNS 활동은 자신의 생각과 느낌을 언어화하는 능력을 높이는 방법이기도 하다.

● 영화와 책을
보고 나서 하는 일

꼭 일기 형식이 아니어도 좋다. 자신의 생각을 글로 쓰면 일기와 같은 효과를 얻을 수 있다.

나는 책을 읽으면 서평을 쓰고 영화를 보면 영화 감상을 페이스북에 올린다. 책을 읽고 내가 어떤 생각을 했는지, 영화를 보고 내가 어떻게 느꼈는지를 쓴다. 진지하게 자신과 마주하지 않으면 진솔한 문장은 나오지 않는다. 이런 점에서 일기와 마찬가지로 서평과 영화평을 쓰는 일도 자신의 생각과 느낌을 언어화한다는 면에서 매우 효과적인 자기통찰력 훈련법이다.

C-3PO 사고법

지금 상태는 몇 점인가요?

〈스타워즈〉 C-3PO의
말하기 방식

영화 〈스타워즈 에피소드 5—제국의 역습〉의 한 장면이다. 제국군의 추격을 받는 밀레니엄 팰컨호는 소행성 지대로 도망친다. 소행성과 부딪치지 않도록 필사적으로 팰컨호를 조종하고 있던 한 솔로 선장에게 드로이드 C-3PO가 말한다.

"소행성 지대를 무사히 빠져나갈 확률은 3720분의 1입니다."

이 영화의 초반에도 비슷한 장면이 있다. 얼음으로 뒤덮인 호스 행성 전투에서 일행과 떨어진 루크를 걱정하는 레아 공주에게 C-3PO는 말한다.

"생존 확률은 725분의 1입니다."

영화 〈스타워즈〉에서는 C-3PO가 구체적인 숫자로 주변 사람의 가슴을 철렁하게 만드는 장면이 여러 번 등장한다. 수치화해서 표현하면 사실이 단적으로 전달된다. 그래서 이 방법은 자신을 객관화할 때도 유용하다. C-3PO처럼 자신의 감정이나 현재 상황을 숫자로 표현하면 자기통찰력이 비약적으로 올라간다.

● 아무리 최악이라도 '0점'은 아니다

자신의 상태나 감정을 수치화하는 사고법의 효과를 보여주기 위해, 우울증으로 통원 치료를 받았던 40대 여성 S씨의 사례를 소개하겠다.

"몸이 좋지 않아요. 최악이에요."

S씨가 진찰할 때마다 했던 말버릇이었다. S씨의 상태를 제대

로 파악하기 위해 한번은 다른 질문을 던져보았다.

"지금까지 가장 몸이 좋지 않았던 때를 0점, 가장 몸이 좋았던 때를 100점이라고 한다면 지금 상태는 몇 점인가요?"

곰곰이 생각하던 S씨가 대답했다.

"35점이요."

"네? 0점이 아니고요?"

"입원했을 때는 정말로 심각했기 때문에 0점이었지만 지금은 그보다는 나으니까요."

"몸이 좋지 않아요. 최악이에요"를 연발하던 S씨의 그날 몸 상태는 의외로 0점이 아니라 35점이었다. 그날 이후 나는 S씨에게 몸 상태를 점수로 물어보곤 했다. 그랬더니 신기하게도 점수가 서서히 올라가기 시작했다.

"3개월 전에는 35점이었는데 꽤 많이 좋아졌네요."

"그러고 보니 요즘 몸이 더 좋아진 것 같아요."

S씨는 자신의 기분과 증상을 수치화하면서부터 자기통찰력이 눈에 띄게 올라갔고, 스스로도 우울증이 조금씩 나아지고 있음을 깨달았다. 그리고 입에 달고 살던 "몸이 좋지 않아요. 최악이에요"라는 말버릇이 어느 샌가 사라졌다. 이를 계기로 성격도 밝아지고 매사에 긍정적으로 생각하게 되었으며, 급속도로 우울증에서 벗어

날 수 있었다.

그래서 나는 진료를 볼 때 "지금 상태는 몇 점인가요?"라며 수치화하는 질문을 자주 던진다. 이 질문에 대답하기 위해서는 자신의 몸과 마음 상태를 관찰해야 한다. 그리고 지금의 상태와 과거의 상태를 비교해보아야 한다. 이 과정이 곧 자기통찰 모드에 해당한다. 그리고 이러한 질문과 대답을 반복하다 보면 자기통찰력은 올라간다.

사실 우리 인생에서 몸 상태가 최악인 날은 그렇게 자주 있지 않다. 아무리 몸 상태가 나쁜 환자라도 점수로 바꿔서 이야기하면 '0점'이라고 대답하는 경우는 많지 않다. 그러면 환자는 스스로 그렇게 최악의 상태가 아님을 깨닫는다. 게다가 자신의 상태 변화를 스스로 깨달으면 긍정적인 선순환을 기대할 수 있다.

● **15초 만에 끝나는 자기 진단법**

자신의 상태를 수치로 파악하기 위해 내가 매일 아침에 하는 일을 소개하겠다.

나는 눈을 떴을 때의 기분을 100점 만점을 기준으로 평가한다.

○ 알람이 울리기 전에 잠에서 깨어났으니까 오늘은 100점!

○ 기분도 체력도 이 정도면 충분해. 95점!

○ 몸이 무겁네. 좀 더 자고 싶다. 오늘은 60점. 이건 숙취 때문이야.

대부분 90점 이상인 날이 많지만 가끔 점수가 떨어지는 날도 있다. 그런 날에는 반드시 기분이 나쁘거나 몸이 좋지 않은 이유를 생각한다.

○ 어제 술을 너무 많이 마셨어.

○ 어제 너무 늦게 잤어.

○ 일의 피로가 쌓였어.

○ 어제 상사에게 혼나서 우울해.

○ 요즘 속이 좋지 않아.

이외에도 여러 가지 이유를 생각해볼 수 있다. 상태가 나쁜 날만이 아니라 좋은 날에도 이유를 생각한다. 몸 상태가 좋은 이유도 다양하게 찾을 수 있다.

○ 어제 헬스클럽에서 운동을 해서 그래.

○ 어제 욕조에 몸을 푹 담그고 휴식을 취했었지.

이처럼 아침에 일어났을 때 자신의 기분, 몸과 마음의 상태를 점수로 평가한 다음 그 이유를 생각하는 데는 30초도 걸리지 않는다. 익숙해지면 15초면 충분하다.

더 좋은 방법은 점수와 이유나 원인을 간단하게라도 일기나 노트에 기록해두는 것이다. 오랫동안 기록해둔 내용을 되짚어보면 자신이 언제 컨디션이 좋은지, 나쁜지를 알 수 있다. 낮 시간이 짧아지는 가을부터 겨울에 몸 상태가 나빠진다든지, 더운 여름철이 되면 체력이 확 떨어진다는 등의 컨디션 주기를 알 수도 있다.

아침에 자신의 상태를 진단하는 습관을 들이면 자기통찰력이 비약적으로 올라간다. 자신의 몸과 마음 상태를 좀 더 빨리 알아차리고, 뇌 피로에 빠지기 전에 건강한 상태를 유지할 수 있다. 항상 정신력, 기술력, 체력이 모두 충만한 상태로 일할 수 있다.

더 나아가 건강한 상태에서 최상의 컨디션이 되도록 몸을 조절할 수 있다. 최상의 컨디션을 유지한다면 실수는 좀처럼 일어나기 어렵다.

종이 체크리스트법

같은 실수를 2번 반복하면
이것을 하자

당신의 뇌는
믿을 게 못 된다

6년 전부터 나는 가압 벨트를 이용해 혈류의 압력을 조정하여 운동 효과를 높이는 가압 트레이닝을 하고 있다. 헬스클럽에 갈 때는 운동화, 티셔츠, 반바지, 양말, 스포츠타월, 갈아입을 속옷, 클렌저(샴푸, 린스, 비누), 수건, 물(페트병), 영양제 등 총 10개의 물품을 챙겨야 한다. 그래서 처음 헬스클럽에 다닐 때는 종종 준비물을 빠트리곤 했다. 트레이닝 예약 시간이 다가와서 서둘러 나가면 나도 모르게 무언가 한 개씩은 꼭 잊어버리곤 했다. 운동화, 티셔츠, 반바지는 헬스클럽에서 빌려주기도 했지만 값이 꽤 비쌌다.

물건을 빠트리지 않을 방법은 없을까 고민한 끝에 준비물 체크리스트를 만들어 벽에 붙여두기 시작했다.

헬스클럽에 가기 전에 준비물 체크리스트를 보면서 가방에 들어 있는지 아닌지를 하나하나 확인했다. 그때부터는 물건을 빠트리고 나가는 일이 완전히 사라졌다. 체크리스트에 필요한 준비물이 전부 적혀 있으니 확인만 하면 물건을 깜박 두고 오는 일은 절대로 일어날 수 없다.

앞서 이야기했지만 인간의 뇌는 3개까지는 확실히 기억하지만 5개가 넘으면 기억이 흐려진다. 트레이닝 준비물은 10개나 됐기 때문에 기억에만 의존했다가는 인간의 워킹메모리의 용량을 고려했을 때 실수가 일어나는 것이 당연하다.

준비물이나 챙겨야 할 물품이 5개가 넘으면 기억에 의존하지 말고 모두 종이에 적어서 기록해야 한다. 즉, 체크리스트를 만들어야 한다.

물론 최악의 경우 체크리스트를 보며 확인하는 일 자체를 잊을 수도 있으므로 방 안에서 잘 보이는 곳이나 벽에 체크리스트

| 가압 트레이닝 준비물 체크리스트 |

☐ 운동화   ☐ 갈아입을 속옷

☐ 티셔츠   ☐ 클렌저(샴푸, 린스, 비누)

☐ 반바지   ☐ 수건

☐ 양말   ☐ 물(페트병)

☐ 스포츠타월   ☐ 영양제

를 붙여두기를 추천한다. 되도록 외출 준비를 하는 동선에서 체크리스트를 볼 수 있어야 확인하는 것을 잊지 않을 수 있다.

나는 매달 여러 차례 세미나와 강연회를 연다. 대부분 초대받아 하는 세미나가 아니라 우리 회사 내에서 개최하는 세미나이기 때문에 필요한 물건은 스스로 준비해야 한다. 세미나를 할 때 필요한 물품은 필기도구, 레이저포인터, 참가자 리스트, 설문지, 세미나 안내문, 잔돈, 영수증, 명함, 멀티탭, 연장 코드 등 25개에 달한다.

처음에는 기억에만 의존해서 준비물을 챙겼더니 매번 꼭 한 개씩 물건을 빠트렸다. 그래서 다음부터는 세미나 준비물 리스트를 작성했다. 세미나 당일 집에서 나오기 전에 인쇄한 리스트를 보면서 준비된 물건에 하나씩 표시하는 확인 작업을 했다. 그러자 역시나 준비물을 깜박하는 일이 완전히 사라졌다.

25가지나 되는 준비물을 체크리스트 없이 자신의 기억에만 의지해서 챙긴다는 것은 말도 안 되는 이야기다. 일이나 비즈니스와 관련되어 어떤 준비를 해야 할 경우 이와 같은 체크리스트를 만들지 않고 빈손으로 한 적은 없는가?

준비해야 할 일이나 물건이 5개를 넘는 경우 반드시 체크리스트를 만들어 직전에 확인하자.

체크리스트를 만들고 확인하는 습관을 들이면 깜박하는 경우가 완전히 사라진다.

체크리스트가 필요하다는 신호

체크리스트 활용법은 많은 준비물을 챙길 때뿐 아니라 모든 업무에 응용할 수 있다.

가령 당신이 회사에서 물건을 발송하는 납품 담당자라고 하자. 납품과 관련된 실수를 몇 번 반복했다면 실수하기 쉬운 포인트를 적어 자신만의 납품 체크리스트를 만들자. 납품 전에는 반드시 이 체크리스트를 보면서 하나하나 볼펜으로 확인한 다음에 상품을 발송하는 습관을 들이면 납품과 관련된 실수를 최소화할 수 있다.

같은 작업에서 비슷한 실수를 2번 했다면 그 일은 실수하기 쉬운 업무에 해당한다. 3번째 실수를 저지르지 않으려면 같은 실수를 2번 반복했을 때 자신만의 체크리스트를 만들기로 정하자.

자신의 기억에 의존하거나 별생각 없이 확인을 지나치면 중요한 일을 빠트리거나 실수를 하기 마련이다. 이런 실수를 막으려면 먼저 체크리스트를 작성하고 인쇄하자. 그리고 하나씩 확인해가며 문제가 없는 경우 체크박스 안에 볼펜으로 표시한다. 이와 같이 종이와 쓰기를 조합해 수작업으로 확인을 하면 실수가 일어날 확률은 제로에 가까워진다.

실수 기록법

실수를 허용하지 않는
병원에서 일하는 법

사고가 일어나는
확률의 법칙

'하인리히 법칙'이라는, 미국 손해보험사 트래블러스 보험사의 기술·조사부에 근무했던 허버트 윌리엄 하인리히가 밝힌 유명한 법칙이 있다.

하인리히는 5000건 이상의 산업재해를 분석한 결과 1 : 29 : 300이라는 흥미로운 통계치를 발견했다. 이는 중상을 입은 재

| 하인리히 법칙 |

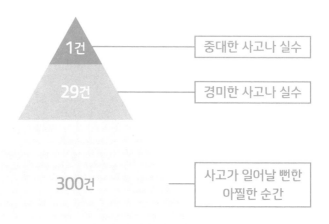

1건 ——— 중대한 사고나 실수

29건 ——— 경미한 사고나 실수

300건 ——— 사고가 일어날 뻔한
아찔한 순간

해가 1건 일어났다면, 그전까지 경상을 동반한 재해가 29건, 사고를 당할 뻔한 아찔한 순간이 300건 이상 있었다는 사실이다.

중대한 사고, 경미한 사고, 사고가 일어날 뻔한 아찔한 순간은 1 : 29 : 300의 비율로 발생한다. 즉, 중대한 사고를 막으려면 경미한 사고를 줄이면 되고 경미한 사고를 줄이려면 사고가 일어날 뻔한 아찔한 순간을 줄이면 된다.

사고가 일어날 뻔했던 사례를 최대한 모아서 이에 대한 대책을 하나씩 세워둔다. 이렇게 하면 사고가 일어날 뻔한 상황이 감소해 경미한 사고가 줄어든다. 결과적으로 중대한 사고를 막을 수 있다.

의료 현장에서 사용하는 사고 예방법

예전에 근무하던 병원에서 의료사고대책위원회에 소속된 적이 있었다. 여기서 병원 내에서 사고가 일어날 뻔했던 사례를 모아서 분석하고 대책을 마련하는 일을 했다. 하마터면 사고가 났을 아찔한 순간이 발생하면 의사나 간호사는 반드시 우리에게 보고해야 할 의무가 있었다. 큰 병원이었기 때문에 한 달에 수십 건, 연간 수백 건이나 사고가 일어날 뻔한 상황이 생겼다. 그중에서는 비슷한 사례도 많이 보고되었다. 사고가 일어날 뻔한 상황의 패턴이 여럿 발견되었다.

의료사고대책위원회에서는 자주 발생하는 사고가 일어날 뻔한 상황에 대한 안전 매뉴얼을 만들거나, 해당 부서에 그러한 상황이 발생하지 않도록 업무 방식의 변경을 요청했다.

사고가 일어날 뻔한 순간이나 경미한 사고가 발생한 상황에 대한 원인을 분석해 철저하게 대책을 세워두면 중대한 사고를 막을 수 있다.

○ 상황 파악 → 원인 분석 → 대책 세우기

위의 사고 방지 프로세스를 실수로 바꿔서 생각해보자. 큰 실수, 작은 실수, 실수할 뻔한 상황은 1 : 29 : 300의 비율로 일어난다.

업무 중에 다른 사람에게 폐를 끼치거나 피해를 주지는 않았지만 그대로 내버려두었다가는 큰 실수로 이어졌을 뻔했던 아찔한 사례를 평소에 차곡차곡 기록해두자. 사람들은 대부분 '휴, 큰일 날 뻔했네' 하고 생각하면서도 뒤돌아서면 그런 일이 있었는지조차 까맣게 잊어버린다. 그러므로 실수로 이어질 뻔했던 아찔한 체험을 했다면 반드시 기록을 남겨두자.

계속 기록하다 보면 비슷한 형태의 실수할 뻔한 상황이 반복되고 있음을 깨닫는다. 그러면 체크리스트를 만들어 확인하거나 종이에 써 붙여서 주의를 환기하는 등 실수할 뻔한 아찔한 순간을 줄이기 위한 대책을 세우자.

하인리히 법칙에 따라 계산하면 실수할 뻔한 상황이 10번 있어야 작은 실수가 1번 정도 일어나므로 실수할 뻔한 아찔한 순간을 줄여나가면 실수는 틀림없이 줄어든다.

자신감이 넘치는 사람의 비결

● 불안하면
집중력이 떨어진다

이 책을 읽고 있는 독자라면 대부분 '실수하면 어쩌지' '실패하면 어떡해' 하는 불안감을 안고 있으리라 생각한다. 불안감을 해소하기 위해 이 책을 읽고 있을 것이다.

불안을 뇌과학적으로 설명하면 편도체가 흥분한 상태다. 편도체는 감정을 처리할 때 중요한 역할을 하는 뇌 기관인데 만성적인 편도체 흥분은 뇌를 지치게 만들고 집중력을 떨어뜨린다. 즉, '실수하면 어쩌지'라고 두려움을 느끼는 것이 실수를 일으키는 원인이 되는 셈이다. 그렇다면 실수에 대한 두려움은 어떻게 지울 수 있을까. 방법은 간단하다. '실수하면 어쩌지'라는 생각을 '실수하면 이렇게 하자'로 바꾸면 된다.

● '실수하면 어쩌지'를 '실수하면 이렇게 하자'로

실수를 걱정하기 시작하면 끝이 없다. 따라서 미리 실수했을 때 혹은 실패했을 때를 가정해 어떻게 이를 만회하면 좋을지 대책을 짜두자.

예를 들어 내일 100명 앞에서 프레젠테이션을 해야 하는데 '너무 긴장해서 말이 나오지 않으면 어쩌지'라는 걱정이 든다고 하자. 이 경우에는 아래와 같은 대책을 짜둔다.

- ○ 크게 심호흡을 한다.
- ○ 준비해둔 물을 한 잔 마시면서 시간을 번다.

○ 전체 자료를 인쇄해두고 말이 막힐 때면 다음 내용의 슬라이드를
확인한다.

○ 잊어버린 부분은 무시하고 다음 내용으로 넘어간다.

○ 당황할 때 시간을 끌 만한 작은 에피소드를 준비한다.

실수를 할까 봐 불안한 마음이 들면 미리 짜둔 대책대로 실행에 옮기면 된다고 되새겨보자. 실수에 대한 대비책을 세워두면 막연했던 불안감이 해야 할 일이나 대비책에 대한 생각으로 바뀐다. 실수나 실패를 했다면 대책에 따라서 다음 행동을 실행에 옮기기만 하면 된다.

'유비무환'이라는 말이 있다. 평소에 준비를 철저히 해두면 근심할 일이 없다는 뜻이다. 실수도 마찬가지다. 실수에 대한 준비, 즉 대책을 철저히 세워두면 실수를 하더라도 큰 실패로 이어지지 않는다.

또한 실수에 대한 대책을 꼼꼼히 세워두면 불안감이 사라진다. 불안감이 사라지면 결국 실수를 잘 하지 않는다. 대책은 실수에 대한 보험이자 부적처럼 우리를 도와준다.

잡념을 깨끗하게 없애는 법

집중력을 끌어올리는 루틴의 조건

실수에 대한 대책을 세우는 유비무환 사고법만 실천해도 효과는 매우 크지만 그래도 여전히 '실수하면 어쩌지'라는 잡념을 완전히 없애기란 쉽지 않다. 인간은 궁지에 몰리면 편도체가 흥분하므로 불안함을 느끼고, 동시에 자신의 의사와는 상관없이 '실수하면 어쩌지' 하는 잡념이 떠오르기 때문이다.

무의식적으로 떠오르는 잡념을 깨끗하게 없앨 수 있는 방법이 있다. 바로 루틴 사고법이다.

뛰어난 운동선수는 큰 경기에서 결정적인 순간에 골을 터뜨리는 능력이 있다. 중요한 순간에 점수를 내는 운동선수에게는 반복해서 하는 행동이나 동작, 즉 루틴이 있다는 사실이 주목받고 있다.

2016년 럭비월드컵에서 고로마루 아유무 선수가 페널티킥을 차기 전에 양손을 모아 검지를 맞대는 동작을 하고 골을 성공시켰다. 이 루틴 동작은 큰 화제를 불러일으켰고, 많은 패러디가 생기기도 했다.

메이저리거로 활약했던 스즈키 이치로 선수는 타석에 서면 야구방망이를 든 오른팔을 투수 쪽으로 쭉 뻗고, 왼손으로 오른쪽 어깨의 소매를 슬쩍 잡아당기는 루틴 동작을 꼭 했다고 한다. 이뿐 아니라 경기를 앞두고는 경기 시작 시간을 기준으로 역산해서 취침 시간, 식사 시간, 연습 시간 등을 정해두어 철저히 지키며, 야구방망이를 놓는 방식까지 신경 쓰는 것으로 유명했다.

일류 선수들이 하는 루틴은 뇌과학적으로 봐도 집중력을 올리고 잡념을 없애는 데 탁월한 효과가 있다.

시험 삼아 고로마루 아유무 선수의 동작을 흉내 내보자. 공을 내려놓고 양손의 집게손가락을 맞댄 다음 공을 차는 동작이 매끄럽게 이어져야 한다. 이때, 고로마루 아유무 선수의 루틴 동작을 흉내 내면서 마음속으로 '실수하면 어쩌지. 실수하면 어쩌지. 실수하면 어쩌지'를 3번 외쳐보자. 틀림없이 불가능할 것이다.

'실수하면 어쩌지'라고 생각하는 순간 루틴 동작이 멈춘다. 반대로 루틴 동작을 하면 '실수하면 어쩌지'라는 말을 되뇔 수 없다. '공 내려놓기—루틴 동작하기—공 차기'라는 동작의 흐름을 생각하느라 뇌의 워킹메모리(3개의 상자)가 가득 차기 때문에 잡념이 비집고 들어갈 틈이 없어지는 것이다.

앞에서 인간의 뇌는 멀티태스킹을 할 수 없다고 설명했다. 따라서 루틴 동작을 하면서 걱정을 하는 2가지 작업은 동시에 진행할 수 없다. 뇌의 한계를 역으로 이용하면 잡념이나 걱정이 비집고 들어올 여지를 없앨 수 있다.

긴장하기 쉬운 상황에서 행하는 자신만의 루틴을 만들어두자. 루틴 동작을 하는 데에 정신을 빼앗기면 뇌가 불안이나 걱정을 느낄 만한 여유도 사라진다.

자신만의 루틴을 만들 때 한 가지 염두에 두어야 할 사항이 있다. 반드시 3개 이상의 동작을 포함해야 한다는 점이다. 지나치게 단순한 동작은 워킹메모리에 여유가 생기기 때문에 잡념이 떠오른다.

앞서 소개한 스즈키 이치로 선수가 타자 대기석에서 행하는 루틴은 매우 유명한데 이 동작을 분해해보면 다음과 같다.

① 가볍게 야구방망이를 휘두른다. (3회)

② 야구방망이를 크게 돌린다. (2회)

③ 한쪽 무릎을 펴고 다리를 굽혔다 편다. (2회)

④ 양쪽 무릎을 구부리고 다리를 굽혔다 편다. (1회)

⑤ 다리를 벌리고 어깨를 풀어준다. (2회)

⑥ 가볍게 야구방망이를 휘두른다. (1회)

하나하나 나눠서 보면 6가지의 동작을 11회에 걸쳐 하는 매우 복잡한 루틴이다. 이렇게까지 복잡한 동작을 하다 보면 잡념이 떠오를 여유가 없다.

복잡한 루틴 동작을 하면 실수나 실패에 대한 두려움 같은 불필요한 잡념이 사라진다. 그리고 집중력이 올라가고 자신의 능력을 최대로 발휘할 수 있다.

3장

액션 플랜

✔ 일기를 쓸 때 긍정적인 내용을 많이 쓰면 긍정적으로
사고할 수 있다.

✔ 페이스북과 같은 SNS에 즐거웠던 일을 올리면 자기
통찰력을 훈련하는 데 도움이 된다.

✔ 자신의 몸과 감정 상태를 수치화해 객관적으로 파악
하는 자기통찰력이 실수를 막는다.

✔ 기억해야 할 사항이 5개를 넘으면 체크리스트를 만
들어 눈으로 확인하는 습관을 들이자.

✔ 불안감이 실수를 만든다. 미리 대책을 짜놓고, 루틴
을 만들어서 마음을 다잡자.

정리

스트레스는 지우고
긍정 경험은
쌓는다

뇌습관을 지키는 정리법

일을 잘하려면 주변 정리보다 머릿속 정리가 더 중요하다. 실수를 일으키는 심리적 요인을 몰아내는 감정 정리법, 스트레스 정리법 등을 알아보자.

주변 정리보다
머릿속 정리가 먼저

정리법이라고 하면 많은 사람이 책상 위나 작업하는 공간 주
변의 정리정돈을 떠올린다. 물론 책상 주변이 어지러우면 실수
하기 쉬우므로 물리적인 공간의 정리정돈도 중요하다.

하지만 이 장에서 다루는 정리법은 머릿속을 정리하는 방법을 뜻한
다. 이른바 뇌 정리법이다. 여분의 정보는 버리고 머릿속 정보를

정리해 뇌를 단순하고 깔끔한 상태로 유지하는 것은 물리적인 정리정돈 이상으로 중요하다.

덧붙여 스트레스 정리, 감정 정리도 중요하다. 스트레스가 쌓인 채 안절부절못하는 상태라면 실수가 많아진다. 스트레스를 정리하고 감정도 정리하자. 집중력을 발휘하려면 반드시 정신적인 안정이 필요하다.

머릿속 책상을 치우는 방법

● 머릿속을 비워
  공간을 마련한다

나는 책 한 권을 쓸 때 주제와 직접적인 관련이 있는 책은 물론이고 다른 분야의 책까지 되도록 많은 책을 참고한다. 《신의 시간술》을 쓸 때의 참고 도서는 24권이었다. 참고 도서에 올리지 않은 책도 20~30권 있었기 때문에 합하면 50권이 넘는 책을 참고한 셈이었다. 여기에다 참고하는 논문 자료의 양도 상당하기 때문에 집필 기간에는 방 한쪽에 참고 자료가 쌓여 있다.

집필을 끝내고 퇴고까지 마친 날에 꼭 하는 의식이 있다. 지금까지 참고한 모든 책과 논문을 상자에 담아서 창고에 넣는 일이다. 물리적인 공간과 뇌의 기억 공간을 확보하기 위해서다. 여기서 물리적인 공간이란 참고 도서를 놓아두었던 현실적인 공간을 뜻한다. 그래야 새로운 책의 집필을 위한 참고 도서를 다시 채워 넣을 수 있기 때문이다.

물리적인 공간의 확보보다 중요한 것이 뇌의 기억 공간 확보다. 즉, 다 쓴 책의 내용과 관련된 정보, 지식 등을 머릿속에서 싹 지우는 것이다. 의식적으로 잊어버리려고 노력하지 않으면 뇌의 기억 공간은 확보되지 않는다. 사실 잊겠다고, 지우겠다고 해도 자신의 기억을 스스로 선택해서 제거하기는 힘든 만큼 어디까지나 기분상의 문제다. 그럼에도 '끝난 일은 잊자'는 마음으로 의식적으로 생각을 전환할 필요가 있다.

《신의 시간술》에 관한 지식을 잊어도, 필요하면 책을 펼쳐서 바로 떠올릴 수 있다고 스스로에게 암시를 건다. 이렇게 하면 신기하게도 《신의 시간술》에 관한 지식이 머릿속에서 깨끗하게 사라진다. 이것을 나는 '역逆자이가르닉 효과'라고 부른다.

자이가르닉 효과
역으로 활용하기

러시아의 심리학자 자이가르닉은 자주 다니는 카페에서 재밌는 사실을 발견했다. 가게 안에서 일하는 점원이 손님의 주문을 정확하게 기억하고 있다가 주문한 음료를 갖다준 순간 주문 내용을 깡그리 잊어버리는 것이었다.

자이가르닉은 후에 이 상황과 관련된 심리 실험을 진행했고 그 결과 목표를 달성하지 못한 미완성 과제에 관한 기억은 완성한 과제에 관한 기억보다 상기하기 쉽다는 결론을 내렸다. 쉽게 말하면 끝내지 못한 일은 기억에 잘 남는다는 뜻이다. 이를 '자이가르닉 효과'라고 부른다.

인간은 과제를 꼭 달성해야 한다는 압박감이 들면 긴장 상태에 들어간다. 과제가 달성되면 긴장감은 해소되고 과제는 잊어버린다. 하지만 과제를 하는 도중에 중단되거나 과제를 달성하지 못하면 긴장 상태가 유지된다. 미완성 과제가 기억에 강하게 남는 이유다.

카페 점원이라면 일에 익숙해져 있으므로 5~7명의 주문까지는 기억할 수 있다. 하지만 10명을 넘어서면 기억이 흐려진다.

또 일시적으로 기억할 수 있는 시간은 주문받은 음료를 손님에게 내놓기 전까지 5~10분 정도로 짧다. 짧은 시간 동안 뇌가 워킹메모리와 단기 기억을 사용해서 주문 음료에 대해 기억하고 있는 것이다. 이처럼 기억에 남은 미완성 과제는 뇌의 용량을 소비한다.

TV를 보면 한참 흥이 올라 재미있는 순간에 중간 광고가 들어가거나, 연속극의 경우 한 회마다 다음에 어떻게 될지 궁금해지는 극적인 부분에서 끝난다. 이것이 바로 자이가르닉 효과를 이용해 시청자의 관심을 끄는 전략이다.

자이가르닉 효과를 뒤집어 생각하면, 완성한 과제는 쉽게 잊을 수 있다. 과제가 완료되거나 종료됐다는 정보가 뇌에 입력되면, 뇌는 긴장을 푸는 동시에 단기 기억을 삭제한다.

종료된 안건에 관해서 물리적으로든 정보 처리적으로든 깨끗이 잊어버리겠다고 의식하는 방법을 '내려놓기 정리법'이라고 부른다. 나는 다 쓴 책에 관한 참고 도서를 방에서 싹 정리하는 동시에 지금까지 머릿속에 넣어두었던 지식도 모두 정리한다. 뇌의 짐을 밖으로 내려놓으면 뇌에는 다음 입력을 위한 공간이 생긴다.

옷가게에서는 계절이 바뀔 때마다 할인 행사를 해서 재고를 처리한다. 상품을 판매할 공간은 정해져 있으니 팔다 남은 상품보다 다가오는 계절에 맞는 신상품을 진열하는 편이 잘 팔리기 때문이다. 새 옷을 진열할 공간을 확보하기 위해서 정기적으로 오래된 상품을 진열대에서 내리고 정리하는 작업을 한다.

뇌에서도 이와 같은 작업이 필요하다. 하나의 업무가 일단락되면 관련된 자료를 모두 모아 정리하자. 새로운 일에 관한 입력 장소를 확보할 수 있도록 머릿속에 빈 공간을 만들어두자.

뇌 정리법 ②

뇌는 멍 때릴 때
생각을 정리한다

● 아무것도 하지 않는 시간은
1인 회의 시간

전철에 타면 무엇을 하는가?

대부분 스마트폰을 만지작거린다. 실제로 같은 칸의 전철에
탄 사람들을 관찰해보면 70~80%가, 때에 따라서는 모든 사람
이 스마트폰을 보고 있다. 반면 나는 책을 읽거나 멍하니 있는
경우가 많다.

멍하니 있다고 해서 아무것도 하지 않는 것은 아니다. 멍하니 있는 것은 곧 머릿속을 정리하는 중이라는 뜻이다. 전철은 머릿속을 정리하기에 가장 적당한 장소다. 만원 전철이라면 가만히 서 있기만 하면 된다. 다른 사람이 말을 거는 경우도 없고 전화를 받을 필요도 없다. 누구도 자신을 방해할 일이 없다. 이 상황은 다른 의미에서 보면 잡념이 완전히 차단되고 누구에게도 방해받지 않는 이상적인 감금 상태다.

나는 한 달에 여러 번 세미나나 강연회를 연다. 그럴 때면 세미나 준비에 어느 정도 시간을 들이느냐는 질문을 많이 받는다.

같은 내용을 2번 말하길 싫어하는 성향상 강연 내용은 매번 새롭게 구성한다. 90분 세미나의 경우 기본적으로 하루가 걸린다. 3시간 정도의 세미나라면 슬라이드가 150장이 넘기 때문에 아무래도 하루 만에 끝내기는 어려워 이틀이 걸린다. 이렇게 대답하면 대부분 어떻게 그렇게 빨리 준비할 수 있느냐며 놀란다.

여기에는 숨겨진 비밀이 있다. 전철에서 멍 때리기 정리법을 사용하기 때문이다.

사실 세미나를 열기 2주 전부터 아이디어를 짜기 시작한다. 이번 세미나에서는 무슨 이야기를 할지 생각할 때 가장 많은 아이디어가 나오는 곳이 바로 전철이다. 전철에서는 완벽한 아이디어를 생각하기보다 브레인스토밍을 반복한다.

주변에서 보면 그냥 멍하니 있는 것처럼 보이겠지만 머릿속에서는 느릿하게 다양한 아이디어가 떠오르고, 아이디어끼리 결합해 새로운 아이디어가 만들어지는 중이다. 아무것도 없는 상태에서 새로운 아이디어를 만들어낸다기보다 머릿속에 있는 과거의 경험, 지식, 정보 중에서 다음 세미나에서 쓸 만한 재료를 검색한다는 느낌이다. 그러므로 이 과정은 '아이디어 창출'이 아니라 '뇌 정리'에 해당한다.

전철에 있는 시간, 걸으면서 이동하는 시간, 헬스클럽에서 러닝머신 위를 걷는 시간에 뇌 정리를 반복하면 쓸 만한 아이디어가 많이 떠오른다.

아이디어가 어느 정도 쌓이면 하루 날을 잡아서 떠오른 아이디어를 모두 종이에 적은 뒤 세미나에서 이야기할 순서를 짠다. 이 작업이 15~30분 걸린다. 구성이 정해지면 다음은 파워포인트를 사용해 구체적인 발표용 슬라이드를 만들면 된다.

즉, 손을 움직이는 물리적인 작업 시간만 보면 준비 기간은 하루지만 실제로 전철에서 멍하니 머릿속을 정리하는 데 2주가 걸리는 셈이다.

멍 때리기 정리법을 쓸 때 주의할 점은 어떤 생각을 할지 의식적으로 환기할 필요가 있다는 점이다.

예를 들면 내 경우에는 '전철에서 내릴 때까지 다음 세미나 내용을 생각하자'라고 미션을 정하고 전철에 탄다. 그래서 멍하니 있는 듯 보이지만 머릿속에서는 하나의 주제에 대해 천천히 회의를 진행할 수 있는 것이다.

○ 다음 기획 회의에 낼 아이디어를 생각하자.

○ 다음 달 프레젠테이션 구성에 대해 생각하자.

○ 오늘 집에 가서 쓸 블로그 포스팅의 소재를 생각하자.

이렇게 자신에게 지금 중요한 현안을 과제로 인식하면 전철에서 내릴 때까지 다양한 의견이나 아이디어를 얻을 수 있다. '창조성의 4B'라는 말이 있다. 창의성을 높여주는 4가지 공간을 뜻하는데, 바Bar, 욕실Bathroom, 버스Bus, 침대Bed가 그것이다. 4B는 아이디어가 잘 떠오르는 장소일 뿐만 아니라, 달리 말하면 멍하니 머릿속을 정리하기에도 안성맞춤인 장소다. 전철이나 버스로 이동하는 시간 외에도 목욕하는 시간, 카페나 바에서 혼자 있는 시간, 잠들기 전 침대에 누워 있는 시간 등을 활용해 머릿속 정리를 하면 좋다.

뇌과학으로 밝혀진
멍 때리기의 효과

페이스북을 하다 보면 "오늘 하루 종일 아무것도 하지 않고 멍하니 시간을 보내고 말았다"는 글을 종종 본다. 문장의 어미로 보건대 시간을 낭비해서 후회한다는 의미로 읽혔다. 하지만 나라면 "오늘 하루 종일 아무것도 하지 않고 멍하니 시간을 보냈다. 참으로 알찬 하루였다"라고 썼을 것이다. 대부분 아무것도 하지 않고 멍하니 있는 것을 시간 낭비라고 생각하지만 절대 그렇지 않다.

많은 사람이 매시간 바쁘게 일하며 정보의 홍수 속에서 허우적거린다. 그럼에도 퇴근길에서나 집에 가서 자기 전까지 끊임없이 스마트폰으로 정보를 머릿속에 입력한다. 심지어 일을 쉬는 주말에도 스마트폰이나 컴퓨터를 켜서 정보의 바닷속을 헤엄치며 분주하게 하루를 보낸다. 이런 일상을 보내는 분들에게 나는 묻고 싶다.

"뇌에 정보를 꾸역꾸역 채워 넣는 일이 그렇게 재밌습니까?"

이들은 스스로가 편하게 쉬고 있다고 느낄지 몰라도 뇌는 과부하 상태에 있다. 혹은 스마트폰으로 게임을 하거나 자극적인

이야기를 즐기는 것이 재미있다고도 한다. 당연하다. 뇌가 흥분하면 재미를 느끼기 때문이다.

그러나 뇌 피로 상태에서 뇌에 계속 정보를 욱여넣는 행위는 실수를 일으키는 원인을 스스로 만들어내는 꼴이다. 그러므로 멍하니 시간을 보내는 것은 언뜻 시간 낭비 같지만 바쁘게 일하는 현대인에게는 매우 소중한 시간이다.

최근 뇌과학 연구에서도 멍 때리기의 중요성이 밝혀졌다. 우리가 아무 작업도 하지 않을 때 뇌에서는 디폴트모드 네트워크DMN가 작동한다. 디폴트모드 네트워크란 활동을 하지 않을 때 활성화되는 뇌 부위로 뇌를 대기 모드, 컴퓨터에 비유하면 절전 모드 상태로 만드는 일을 한다. 디폴트모드 네트워크에서는 다양한 활동을 한다.

○ 과거의 경험과 기억을 정리하고 종합하기

○ 현재 자신이 처한 상황 분석하기

○ 앞으로 일어날 일 미리 상상하기

이처럼 다양한 이미지나 기억, 정보를 떠올리면서 과거와 현재를 정리하고 더 나은 미래를 준비하는 것이다.

워싱턴대학교에서 진행한 연구에 따르면 멍하니 있을 때, 즉 디폴트모드 네트워크가 작동할 때 뇌는 평상시 활동할 때보다 15배나 많은 에너지를 쓴다고 한다. 말하자면 뇌는 활동할 때보다 멍하니 있을 때 더 활동적이라는 뜻이다.

그리고 디폴트모드 네트워크가 작동하는 시간이 적으면 전전두엽이 관장하는 '깊이 생각하는 능력'이 떨어진다. 결국 집중력, 사고력 등이 떨어지고 뇌 노화도 빨리 진행된다.

전철에 있을 때조차 뇌를 쉬지 않고 스마트폰을 보면서 뇌를 자극하면, 디폴트모드 네트워크 기능이 활성화되지 못해 사고력을 올리는 절호의 시간을 놓치는 꼴이 된다. 멍하니 있는 시간은 반드시 필요하다. 그렇다고 멍하니 있는 시간을 따로 만들기는 쉽지 않은 일이니 틈틈이 생기는 자투리 시간을 활용하는 방법을 생각해보자.

실패는 잊고 성공은 곱씹다

● 헤어진 연인을
　 잊지 못하는 이유

　실패했던 기억을 떨치지 못하는 사람이 종종 있다. 이런 사람은 그때의 상황이 생생하게 떠올라서 또 일이 잘못될까 봐 불안해한다. 이는 실패했던 경험이 정리되지 않았기 때문에 일어나는 현상이다.

　실패는 반성한 뒤 잊고 성공은 곱씹자. 이것이 실패와 성공 정리법의 핵심이다.

어떤 일에 실패했을 때는 원인과 대책을 명확하게 정리해두어야 한다. 다음과 같은 질문을 스스로에게 해보자.

- ○ 왜 실패했는가?
- ○ 어떻게 하면 같은 실패를 반복하지 않을 것인가?

원인과 대책을 찾았다면 다음으로 실패했을 때의 괴로움과 고통 등 부정적인 감정을 깨끗하게 잊어버리자. 무엇보다 실패와 관련된 부정적인 감정을 되새기지 않는 것이 중요하다.

예를 들어 실연당했을 때 친구 A에게 실연에 관한 이야기를 한 뒤 다음 날에는 친구 B에게 똑같은 이야기를 털어놓고 또 다음 날에는 친구 C를 불러 똑같은 이야기를 하는 여성이 있다. 이런 분은 대개 "옛 남자친구를 잊고 싶은데 잊지 못하겠다"고 말한다. 하지만 3일 연속으로 같은 이야기를 하면 그만큼 기억이 강화되기 때문에 잊지 못하는 것은 당연하다.

같은 이야기를 자꾸 반복하면 우리의 기억은 강화된다. 수다를 떨면 스트레스가 풀릴 거라고 생각해 다른 사람에게 좋지 않았던 경험을 이야기하면 할수록 기억은 점점 더 또렷해진다. 되도록 다른 사람에게 이야기하는 것은 1번으로 끝내고 실패 경험을 반복해서 말하지 않도록 하자.

실패했던 경험을 반복해서 떠올릴수록 '또 실패하지 않을까?' 하는 공포감은 커진다. 만약 실패에 관한 기억이 자꾸 되살아난다면 앞서 찾아낸 대책을 떠올려보자. 대책을 세운 대로 하면 실패하지 않는다고 마음속으로 되뇌면서 지금 할 수 있는 일에 집중한다.

● 성공 기억을 강화하면
　성공이 따라온다

한편 성공 경험은 반복해서 말해야 한다. 자꾸 반복할수록 성공에 관한 기억이 강화되어 자신감이 샘솟는다.

일기를 쓰고 있다면 성공 경험에 관해서는 가능한 한 자세하게 써서 기록을 남겨두자.

실패는 잊고 성공은 곱씹는 것을 되풀이하면 우리의 머릿속은 성공 경험으로만 가득 찬다. 이에 따라 점점 자신감이 붙고 불안감은 사라진다.

불안감은 우리가 무의식적으로 과거 자신의 경험치를 조합해 실패 확률이 높다고 판단하기 때문에 생기는 심리 현상이다. 반대로 100% 성공한다고 확신하면 불안해지지 않는다.

성공에 관한 기억을 강화하고 실패에 관한 기억을 흐릿하게 만들면 불안감은 줄어들고 자신감은 올라간다.

잘못된 감정 정리는 스트레스를 부른다

● 수다를 떤다고 스트레스가
풀리지 않는다

실수하지 않는 사람과 실수가 잦은 사람의 감정 상태를 단어로 표현해보면 실수하지 않는 사람은 '침묵, 냉정, 평정'에 해당하고, 실수가 잦은 사람은 '불안, 초조, 답답'에 해당한다. 주변 사람을 살펴보면 꼭 맞지 않는가?

불안해하거나 초조해하면서 감정이 불안정해지면 실수가 일어나기 쉽다. 반대로 감정을 정리해서 안정시키면 실수를 줄일 수 있다. 하지만 많은 사람이 감정을 정리한다면서 잘못된 방법을 쓰고 있다. 그럼 업무상 실수로 상사에게 혼이 났다면 그 스트레스를 어떻게 풀고 감정을 정리해야 할까?

× 다른 사람에게 이야기한다.

× 술을 마시고 잊는다.

× 나쁜 일은 나중에 생각하기로 하고 일단 잔다.

먼저 다른 사람에게 이야기하기는 표현하기에 해당하므로 감정이 정리되고 스트레스가 해소되는 효과가 어느 정도는 있다. 하지만 반복해서 이야기하거나 오랫동안 이야기하는 것은, 앞서 설명했듯 나쁜 기억을 강화하는 결과를 낳는다.

혼한 경우로 안 좋은 일이 생기면 술을 마시고 털어버리자고 생각한다. 그리고 동료 3~4명을 모아놓고 술을 마시며 상사의 험담을 하는 것이다. 이런 모습은 술집에서 흔하게 볼 수 있다. 놀라운 점은 상사의 험담이 2시간 넘게 이어진다는 사실이다. 그만큼 이야기가 구구절절한가 하고 들어보면 계속 같은 이야기를 반복할 뿐이다. 이러면 스트레스 해소보다 기억 강화 효과만 훨씬 높아진다.

실패나 실수에 관한 경험을 반복해서 이야기하면 머릿속 깊은 곳에 기억이 새겨져 2~3일이 지나도, 길게는 1개월이 지나도 잊히지 않는다. 실패에 관한 기억을 질질 끌고 다니면서 실패로 인한 감정적 손실도 계속 안고 간다. 이런 상태로 일을 하면 무의식중에 실수나 실패의 패턴을 답습해 똑같은 잘못을 반복해서 저지르는 악순환에 빠진다.

꼭 다른 사람에게 이야기하고 싶다면 딱 한 번, 15분 안에 가볍게 털어놓은 뒤 이야기를 끝맺자. 30분 이상 길게 이야기하면 안 된다. 다음 날 또 다른 친구에게 같은 이야기를 하는 것도 피하자.

앞서 행동 정리 편에서도 언급했지만 실수나 실패를 했을 때는 원인 규명과 대책 마련만 하면 되고 경험한 일 자체와 그로 인한 감정은 깨끗하게 잊어버리는 쪽이 좋다.

분노는 기억을
강화시킨다

자신을 혼낸 상사의 험담을 오랜 시간 동안 하면 화가 치밀어오르지 않는가? '나만 잘못한 게 아니고 상사에게도 책임이 있는데 전부 내 탓으로만 돌리다니!' 하며 부정적인 감정이 끓어오르고 분노를 느낀다.

전적으로 자신에게 잘못이 있는 경우라면 '왜 미리 눈치채지 못했을까. 난 왜 이렇게 못났을까'라고 자책하며 분노의 화살은 자신을 향할 것이다.

인간은 분노를 느끼면 아드레날린이 분비된다. 아드레날린은 강력한 기억 강화 물질이다. 즉, 분노가 따르는 체험은 기억에 강하게 남는 특성이 있다.

부부싸움을 심하게 했던 기억은 몇 년이 지나도 남아 있지 않은가?

아드레날린은 강한 공포를 느꼈을 때도 분비된다. 동일본대지진 피해자 중 "쓰나미가 몰려오는 장면이 자꾸만 머릿속에 되살아나서 아무리 노력해도 지워지지 않아요"라고 말하는 분이 있었다. 특히 생명과 연관되어 죽을지도 모르는 상황에 처했을 때는 대량의 아드레날린이 분비돼, 그 기억은 몇 년이 지나도, 아무리 잊고 싶어도 잊히지 않는다. 이것이 마음의 상처(트라우마)가 되어 남으면 외상후스트레스장애PTSD라는 병에 걸리는 것이다.

생물학적인 관점에서 보면 분노와 공포의 감정은 생명의 존속을 위협하는 일과 연관된 경우가 많기 때문에 같은 위험을 피하고자 본능적으로 강하게 기억하는 것이다.

● 웃으면서
슬쩍 흘려보내기

그렇다면 실패나 실수를 했을 때 어떻게 감정을 정리하면 좋을까? 나는 웃어넘기는 것이 가장 훌륭한 감정 정리법이라고 생각한다.

"어제 이런 일이 있었어. 엄청난 실수를 했지 뭐야. 아, 나 진짜 덤벙거린다니까. 하하하."

웃음은 스트레스를 해소하는 데 효과적이다. 과학적으로 설명하면 웃음은 우리 몸을 교감신경에서 부교감신경이 우위인 상태로 바꿔준다. 즉, 신체를 이완시켜 준다. 교감신경이 우위에 있으면 아드레날린이 분비되지만 부교감신경으로 우위가 바뀌면 아드레날린의 스위치가 꺼진다. 결국 웃으면 감정이 정리되어 깨끗하게 싹 잊을 수 있다.

실패에 관한 기억, 고통스러운 기억, 잊고 싶은 기억, 화가 나는 기억 등을 누군가에게 털어놓고 싶은가. 그럴 땐 심각하게 이야기하지 말고 웃으면서 이야기하며 흘려보내는 편이 효과가 더 좋다.

나는 2004년부터 3년간 미국 시카고에서 공부했다. 처음 3개월 동안은 말이 통하지 않아 아파트 집세 납입이나 은행 계좌 개설 등의 일상생활조차 제대로 해내지 못했다. 진행하던 실험 연구도 잘 안 풀려서 매우 스트레스를 받고 있었다. 지금도 내 인생에서 가장 힘들었던 시기를 꼽자면 미국 유학 기간 중 첫 3개월 동안이라고 이야기할 정도다.

그때 나는 홈페이지(당시는 블로그가 없었다)에 나의 실패담을 유머를 곁들여 가볍고 유쾌하게 일기 형식으로 기록했다. 매일 어처구니없는 실수를 연달아 벌였으므로 소재는 끊이지 않았다. 글이 늘어날수록 우스운 미국 유학 일기라고 입소문이 났는지 홈페이지에 찾아오는 사람도 점점 많아졌다. 당시 홈페이지에 일기를 쓰는 일은 죽을 만큼 힘들었던 나에게 가장 효과 좋은 스트레스 정리법이자 마음의 버팀목이었다.

미국 미네소타대학교에서 유머(웃음)와 자기효능감에 관한 연구를 했다. 그 결과 다른 사람을 웃게 하거나 함께 웃으면 자기효능감이 높아진다는 사실을 밝혀냈다. 자기효능감이란 자신에게 문제를 해결할 힘이 있다고 믿는 마음으로 자신감과 관련이 깊다.

상대방이 웃어주면 타자와 상호작용이 잘되고 있다는 자신감이 생겨서 자기효능감이 올라간다. 실수나 실패를 하면 스스로를 못난 인간이라고 폄하하며 자신감과 자기효능감이 급격히 떨어진다. 그때 웃음은 낮아진 자신감을 회복시켜주는 심리적인 효과가 있다.

부정적인 체험과 감정은 웃음으로 슬쩍 흘려보내자. 웃어넘기는 것이 가장 훌륭한 감정 정리법이다.

술에 취하면
무의식까지 기억이 남는다

일에서 큰 실수를 저질러 기분이 가라앉았을 때 술로 스트레스를 풀려는 사람이 많다. 어쩌면 스트레스 해소법으로 제일 먼저 술을 떠올리는 사람이 많을지도 모르겠다. 회사나 상사에 대한 불평불만과 험담을 늘어놓으면서 술을 마시거나, 실패를 무능한 자신의 탓으로 돌리고 자신을 책망하면서 술을 마시면, 스트레스가 풀린다고 느껴질지도 모른다.

하지만 술로 스트레스를 풀려는 생각은 버려야 한다. 이런 식으로 술을 마셔서는 절대 안 된다. 왜냐하면 어떻게 마시느냐에 따라 감정 정리는커녕 부정적인 감정이 강화돼 오히려 스트레스가 쌓이기 때문이다.

술은 이성의 끈을 놓게 만든다. 이른바 최면 상태에 가깝다고 이해하면 쉽다. 최면 상태에서 나는 못난 인간, 나는 무능한 인간이라고 자꾸 되뇌면 무의식 단계까지 생각이 박혀 자신감을 완전히 잃어버린다. 자신감을 상실하면 의욕은 떨어지고 더더욱 실수가 많아져 업무상 실패가 반복될 수밖에 없다.

술을 마시면서 내 상사는 최악이라고 되뇔 경우도 마찬가지다. 이후에 상사와 대면했을 때 자신은 아무리 웃으면서 대한다고 생각하더라도 부정적인 감정은 비언어적으로 상대방에게 전달된다. 그럼 상사와의 관계는 더욱 나빠질 것이다. 결국 상사에게 좋은 평가를 받지 못할 뿐만 아니라, 인간관계가 꼬이니 일은 점점 하기 힘들어진다.

스트레스를 풀기 위해 좋지 않은 감정으로 술을 마시는 것은 부정적인 감정을 자신에게 주입하는 것과 같다. 실수나 실패를 했을 때 술을 마시며 우울함을 달래려고 하지 말자. 술을 마시면 안 좋은 기억이 사라지는 것이 아니라 정반대로 같은 이야기를 반복하는 동안 실패한 기억과 부정적인 감정이 강화될 뿐이다.

술은 즐겁게 마셔야 한다. 성공했을 때, 프로젝트가 잘 끝났을 때, 큰 계약을 따냈을 때 등 축하할 일이 있을 때 기분 좋게 마셔야 한다.

그러면 성공했다는 기쁜 감정, 나는 일을 잘한다는 자기효능감, 나는 할 수 있다는 자신감이 무의식까지 주입된다. 이러한 긍정적인 감정으로 가득 찬 무의식은 다음 일을 할 때 동기를 유발해 연쇄적으로 성공할 수 있도록 돕는다.

감정 정리는
운동과 수면으로

그렇다면 일에서 큰 실수나 실패를 저질렀을 때 어떻게 감정을 정리해야 할까? 가장 좋은 스트레스 해소법은 운동과 수면이다.

내 경우에는 헬스클럽에서 강도 높은 운동을 1시간 정도 하면서 땀을 흠뻑 흘린 다음 따뜻한 물에 몸을 담근다. 그리고 집에 와서는 일찍 잠을 청한다.

헬스클럽에 가서 평소보다 강도 높은 트레이닝을 하거나 1시간 정도 조깅을 하거나 조금 지칠 만큼 운동을 하면 좋다. 운동을 하는 것만으로도 언짢은 기분과 화가 날아간다.

게다가 언짢은 기분을 정리하지 않고 그대로 잠자리에 들 경우 아직 교감신경이 우위에 있으므로 쉽게 잠이 오지 않는다. 그래서 조금 지칠 정도로 운동을 하면 수면을 유도하는 효과도 얻을 수 있다. 반대로 술을 마시면 수면에 악영향을 미치므로 기억과 감정이 전혀 정리되지 않는다.

수면도 감정 정리에 효과적이다. 아무리 감정이 불안정해도 하룻밤 지나고 나면 감정의 강도는 약해지기 마련이다. 또 수면 중에는 꿈을 꾼다. 꿈은 전날 있었던 일의 기억과 감정을 정리해주는 역할을 한다. 그래서 잠을 푹 자고 나면 모든 감정이 정리된다.

따라서 가장 좋은 감정 정리법은 운동과 수면이다. 강도 높은 운동과 질 좋은 수면이 효과가 높음을 잊지 말자.

스트레스 '해소'가 아닌
'정리'여야 하는 이유

● 스트레스는
뇌의 기능을 떨어뜨린다

스트레스를 반드시 정리해야 하는 이유는 스트레스를 방치하면
실수를 일으키는 중대한 원인이 되기 때문이다.

장기적으로 스트레스를 받으면 먼저 집중력이 떨어지고 뇌
가 피곤해진다. 게다가 뇌에 피로가 계속 쌓이면 전두엽의 기능
이 떨어지기 때문에 워킹메모리의 기능도 함께 떨어진다.

스트레스를 받으면 이에 대항하는 호르몬 코르티솔이 분비된다. 코르티솔은 인슐린과 길항 작용을 하여 혈당 수치를 높인다. 만성 스트레스로 인해 지속적으로 코르티솔이 과분비되면 당뇨병의 원인이 될 수도 있다. 당뇨병은 치매의 중대한 위험인자 중 하나이니 코르티솔은 뇌 노화를 진행시켜서 간접적으로 치매를 유발한다고도 말할 수 있다.

장기적으로 스트레스에 노출되면 실수의 4대 원인이 연쇄적으로 일어난다. 한마디로 스트레스는 모든 실수와 병에 큰 영향을 끼치므로 반드시 물리쳐야 할 흑막의 보스와 같다. 최근 들어 실수가 늘어났다면 스트레스가 쌓인 게 아닌지 곰곰이 생각해보자. 스트레스의 원인과 마주하고 스트레스를 정리해 나가야 한다.

● 적당한 스트레스는
   필요하다

최근 연구에서는 어느 정도의 스트레스는 받아도 괜찮으며, 스트레스를 제로로 만들 필요는 없다는 견해도 있다.

켈리 맥고니걸 스탠퍼드대학교 심리학 강사는 《스트레스의 힘》에서 스트레스는 해롭지 않고, 오히려 에너지로 활용하면 몸에 이롭다는 발상의 전환을 통해 스트레스의 굴레에서 벗어날 수 있다고 주장한다.

나 역시 같은 맥락에서 '스트레스를 없애다'가 아니라 스트레스를 잘 처리한다는 의미에서 '스트레스를 정리한다'는 표현을 썼다.

현대 사회에서 바쁘게 일하는 직장인이 스트레스를 전혀 받지 않기란 불가능하며 실제로 스트레스를 완전히 없앨 필요도 없다. 스트레스는 받아도 괜찮다. 잘 정리하기만 하면 된다.

만성 스트레스는
시도 때도 없이 마시는 커피다

오랫동안 스트레스를 받으면 부신겉질 호르몬의 하나인 코르티솔이 증가한다. 그래서 코르티솔을 스트레스 호르몬이라고도 부른다. 정확히는 코르티솔은 항스트레스 호르몬으로 스트레스에 대항하기 위해 몸 전체에 에너지를 활성화시키는 신호를 보낸다. 그래서 코르티솔이 분비되면 우리의 에너지원인 당이 활발하게 생산되어 앞서 이야기했듯 혈당 수치가 올라간다. 즉, 각성제(자양강장제)와 같은 기능을 하는 것이다.

코르티솔은 특히 아침에 마시면 정신이 번쩍 드는 커피와 비슷하다. 보통 아침부터 점심 때까지 분비량이 늘어나다가 저녁을 지나 밤이 되면서 점점 줄어든다.

만약 밤에도 코르티솔이 많이 분비되면 어떨까? 밤이 됐는데도 몸 상태는 낮에 머물러 있는 것처럼 긴장을 하고, 맥박과 호흡은 빠른 상태를 유지한다. 그러니 몸이 이완하거나 쉬지 못하고 피로도 풀리지 않아 몸에 좋지 않은 영향을 끼친다.

자기 전에 커피를 마셔서 잠들지 못하고 뒤척인 적이 있는가? 밤에 분비되는 코르티솔은 밤에 마시는 커피처럼 잠을 푹 자지 못하게 만든다. 우리 몸은 충분히 잠을 자야 면역력이 올라가는데 밤에 코르티솔이 분비되면 수면을 방해해 면역력이 떨어지고 여러 가지 질병에 걸릴 위험이 높아진다.

정상적인 사람은 밤에 코르티솔 분비량이 줄어들지만 오랜 기간 동안 과도한 스트레스를 받고 있는 사람은 코르티솔 분비량이 줄어들지 않는다. 이 경우가 가장 위험하다. 우울증 환자들을 살펴보면 밤에 분비되는 코르티솔 수치가 높다.

지나친 스트레스는
기억을 망가뜨린다

코르티솔 수치가 높은 상태를 계속 유지하면 몸에 여러 가지 문제를 일으킨다. 그중에서도 해마에 끼치는 악영향을 빼놓을 수 없다.

해마는 뇌의 중앙 부분에 위치하며 매우 작은 아몬드 모양이다. 뇌로 들어온 모든 정보는 일단 해마를 통과해야 한다. 기억의 임시저장소인 해마는 기억을 2~4주 보관한다. 그 기간 동안 반복적으로 자주 상기되는 정보는 뇌에서 중요한 정보로 인식해 장기기억으로 보존한다.

해마에는 다른 뇌 부위보다 코르티솔 수용체가 특히 많아서 스트레스에 매우 약하다. 코르티솔이 열쇠라면 코르티솔 수용체란 열쇠 구멍과 같아서 코르티솔 수용체가 많다는 뜻은 코르티솔이 많이 달라붙어 작용할 수 있다는 말이다. 그러므로 코르티솔이 늘어나면 해마의 기능이 단숨에 약해진다. 분명히 들은 내용인데 잊어버린다든지, 입력 실수를 저지르기도 한다.

해마에 관한 여러 가지 흥미로운 연구 결과가 있다. 어릴 때 학대를 받은 사람의 뇌를 측정해보면 해마의 크기가 작다고 한다. 즉, 오랫동안 스트레스에 노출되어 해마의 세포가 죽어버린 것이다. 또한 인간의 뇌세포는 기본적으로 분열과 재생을 하지 않지만 기억에 관여하는 해마의 과립 세포는 분열과 재생을 한다. 그러나 코르티솔 양이 늘어나면 과립 세포의 분열이 억제된다. 이 경우 새로운 정보를 기억하지 못하고, 입력 실수가 늘어난다.

스트레스와 기억은 관련성이 없는 듯 보이지만 뇌과학과 호르몬의 관점에서 보면 매우 밀접한 관계가 있다. 입력 실수를 막으려면 해마의 기능이 떨어지지 않도록 주의해야 한다. 스트레스를 쌓아두지 말고 매일 정리하는 일이 중요한 이유다.

주의해야 할 부신 피로

요즘 '부신 피로'라는 말이 자주 언급된다. 부신 피로란 어떤 상태를 말할까?

부신은 우리 몸속의 환경을 항상 알맞은 상태로 보호하기 위해, 혈압, 당뇨, 수분, 염분량 등을 일정하게 유지하는 호르몬을 만들어내는 기관이다. 그런데 스트레스를 지속적으로 받아 코르티솔 분비량이 높은 상태가 지속되면, 부신에 과부하가 걸려 더 이상 코르티솔을 분비하지 못한다. 그러면 오히려 정상인의 코르티솔 분비량에도 미치지 못하고 만다. 이처럼 장기적인 스트레스로 부신이 피로해져서 코르티솔 수치가 매우 낮아진 상태를 부신피로라고 한다.

코르티솔 수치가 지나치게 낮아도 집중력과 기억력은 떨어진다. 부신이 피로해지면 스트레스가 계속 쌓이고 에너지 생산이 원활하지 않아 몸이 나른하며 힘이 없다. 아침에 일어나기 힘들고 저혈압, 저혈당, 집중력 저하, 기억력 저하 등이 일어난다. 당연히 실수도 자주 저지르며, 업무에도 지장을 준다.

이 상태가 지속되면 4단계의 몸 상태 중에서 미병이나 질병 상태가 될 수 있다. 때문에 그 전 단계에서 스트레스를 정리해야 한다. 그럼 지금부터 효과적으로 스트레스를 정리할 수 있는 휴식법과 수면법을 알아보자.

휴식법

잠자기 전 2시간, 휴식의 황금시간대

휴식에도 황금시간대가 있다

아침에 일어난 뒤 2시간 동안은 뇌의 황금시간대로 하루 중 집중력이 가장 높은 시간대다. 따라서 황금시간대에 집중력이 필요한 일이나 실수하면 안 되는 중요한 업무를 처리하는 게 좋다고 설명했다.

아침에 일어난 뒤 2시간이 중요하듯 잠자기 전 2시간도 다른 관점에서 중요한 가치가 있다. 잠자기 전 2시간은 '휴식의 황금시간대'라고 부를 수 있을 만큼 스트레스 정리에 가장 적합한 시간대다.

수면 전 2시간 동안 어떻게 휴식하느냐에 따라 하루의 스트레스가 풀리고 잠이 잘 오며 푹 잘 수 있기 때문이다. 다음 날 몸과 마음을 100% 회복하려면 휴식의 황금시간대에 올바른 방법으로 충분한 휴식을 취해야 한다.

취침 전에
절대 하면 안 되는 일

취침 전 2시간 동안은 휴식을 해야 한다고 했지만, 어떻게 쉬면 좋을지는 개인에 따라 다를 수밖에 없다. 그러니 여기서는 반대로 휴식의 황금시간대에 해서는 안 되는 일들을 소개하겠다.

오늘따라 일이 많았던 A씨는 밤 11시까지 야근을 하고 12시가 다 되어서 집에 돌아왔다. 쌓인 피로를 풀기 위해 뜨거운 물에 몸을 담갔다. TV를 틀어놓고 편의점에서 사 온 도시락을 먹으며 맥주도 한잔 곁들였다. 그냥 잠들기 아쉬운 마음에 취미 삼아 즐기는 TV 게임을 켰다. 게임을 너무 늦게까지 하면 내일 일정에 차질이 생길 수 있으므로 30분 정도만 하고 껐으나 시간은 벌써 새벽 1시다. 담배를 한 대 피우고 잠자리에 들었다.

업무가 많은 직장인이라면 잠들기 전 2시간을 위와 같이 보내는 경우가 흔할 거라고 생각한다. 휴식의 황금시간 관점에서 보면 그야말로 가장 안 좋은 예에 해당한다.

휴식의 황금시간대에 하면 좋은 일과 하면 안 되는 일을 다음의 표로 정리했다.

잠들기 전 2시간 동안 하면 안 되는 일은 식사, 음주, 격한 운동 등이다. 또 밝은 화면을 보거나(TV, 영화, 스마트폰, 컴퓨터 등) 형광등 아래 있거나(직장, 편의점) 하며 눈 자극하기, 카페인·술·담배 등으로 뇌에 자극 주기, 뜨거운 물로 목욕하기 등도 피해야 한다.

반대로 잠들기 전 2시간 동안 하면 좋은 일은 다음과 같다. 편안한 마음으로 있기, 음악을 듣거나 아로마 향을 피우며 눈에 자극을 주지 않고 시간 보내기, 가족과 대화하기, 반려동물과 함께하기, 몸을 풀어주는 가벼운 운동하기 등이다.

❘ 휴식의 황금시간을 보내는 법 ❘

	하면 좋은 일	하면 안 되는 일
감정	○ 편안한 마음으로 있기	X 분주하고 바쁘게 보내기 X 언짢은 기분으로 안달복달하기
표정	○ 미소를 지으며 밝은 표정으로 있기	X 찌푸린 얼굴로 있기

자기
통찰
	○ 그날 있었던 일을 되돌아보며
	  일기 쓰기
	○ 오늘 있었던 즐거운 일 떠올리기
		X 오늘 있었던 안 좋은 일,
		  힘든 일 떠올리기
		X 내일을 불안해하며 걱정하기

교류	○ 가족과 대화하기 ○ 반려동물과 함께하기	X 혼자라며 외로워하기
시각	○ 눈을 쉬게 하기	X 밝은 화면 보기(스마트폰, TV 등)
조명	○ 붉은색 조명 아래 있기 ○ 조금 어두운 곳에 있기	X 형광등 아래 있기(직장, 편의점) X 밝은 곳에 있기
놀이	○ 시각을 사용하지 않는 놀이(음악 듣 기, 아로마 향 피우기, 마사지하기 등) ○ 편안하게 쉴 수 있는 놀이	X 게임, TV 등 시각을 사용하는 놀이 X 흥분되며 신나는 놀이
식사	○ 잠들기 2시간 전에 식사 끝내기	X 자기 전에 식사하기
기호품	○ 커피는 오후 2시 전까지만 마시기	X 커피, 홍차 등 카페인 섭취하기 X 자기 전에 술 마시기 X 흡연하기
운동	○ 스트레칭 같은 가벼운 운동	X 격한 운동(헬스클럽에서 운동하기 등)
목욕	○ 미지근한 물로 간단히 샤워하기	X 뜨거운 물로 목욕하기

A씨의 경우 잠들기 전 2시간 동안 밝은 빛으로 눈 자극하기, 뜨거운 물로 목욕하기뿐만 아니라 음주, 식사, 흡연 등 해서는 안 되는 일을 무려 5가지나 했다. 한마디로 휴식의 황금시간을 전혀 활용하지 못하고 숙면을 방해했다. 이렇게 생활하면 피로는 전혀 풀리지 않고 스트레스는 계속 쌓여만 간다.

잠자기 전에
쉬어야 하는 이유

잠자기 전 2시간 동안 쉬지 않으면 왜 건강에 좋지 않을까?

인간에게는 교감신경과 부교감신경이라는 2가지의 자율신경이 있다. 교감신경이 흥분하면 심장박동 수가 증가하고 혈압이 상승한다. 반대로 부교감신경은 심장박동을 억제하며 소화와 흡수를 촉진한다. 낮에는 교감신경이 우위에 있어서 활동적으로 일하도록 돕고, 밤에는 부교감신경이 우위를 차지하여 느긋하게 쉬면서 몸과 마음의 피로를 해소해준다.

뇌는 이렇게 완급을 조절하며 일한다. 사람도 마찬가지다. 긴장과 이완을 적절히 활용하는 생활 방식과 업무 방식이 건강을 잃지 않으면서도 효율적으로 일할 수 있다.

교감신경에서 부교감신경으로 우위가 바뀌려면 격한 운동 후에 호흡과 마음을 정리하는 쿨다운(마무리) 시간과 같은 정리 시간이 필요하다. 잠자기 전 2시간이 바로 이를 위한 시간이다. 이때 여유롭고 느긋하게 보내면 자연스럽게 교감신경에서 부교감신경으로 전환된다.

자기 전에 졸리지 않다거나 눈이 말똥말똥하다는 사람은 아직 교감신경이 우위에 있기 때문이다. 억지로 잠에 들어도 몸과 뇌는 편안히 휴식하지 못한다.

세포나 장기가 본래의 기능을 회복하고 면역력이 활성화되며 암세포를 제거하는 일은, 모두 부교감신경이 우위에 있는 수면 시간 동안 일어난다. 잘 때도 교감신경이 우위에 있으면 우리 몸은 자연 치유 능력이 떨어진다. 이 상태가 지속되면 병에 걸린다.

스트레스 호르몬인 코르티솔이 분비되면 교감신경이 우위인 상태가 된다. 즉, 밤에 부교감신경 상태로 바뀌지 않고 교감신경이 우위에 있다면 코르티솔이 계속 분비되고 있다는 뜻이다.

교감신경에서 부교감신경으로 제대로 전환되기만 하면 코르티솔이 분비되는 스위치를 끌 수 있고, 지속적인 스트레스에 의한 몸과 마음 그리고 뇌가 받은 데미지를 회복할 수도 있다.

바쁘고 과중한 업무로 심한 스트레스를 받는 사람도 교감신경과 부교감신경의 전환만 잘 이루어지면 피로가 쌓이는 일을 막을 수 있다. 잠을 푹 잘 수 있으니 다음 날이면 몸 상태가 회복되기 때문이다.

따라서 바쁜 사람, 스트레스가 많은 사람일수록 잠들기 전에 2시간 동안 올바로 쉬어서 휴식의 황금시간을 충분히 활용할 필요가 있다.

뇌의 컨디션을 회복하는
7시간 수면

● 5일간 6시간 수면은
48시간 밤샘과 같다

사람들은 하루에 보통 몇 시간 잘까?

만약 수면 시간이 6시간 이하인 사람이 실수가 잦다면 그 원인은 수면 부족에 있다. 왜냐하면 수면 부족은 주의력, 집중력을 떨어뜨리는 가장 큰 원인이기 때문이다.

한 연구에 따르면 10일 동안 6시간만 자면 24시간 동안 자지 않고 밤을 새웠을 때만큼 인지 기능이 떨어진다고 한다. 또 다른 연구에서는 단 5일 동안 6시간만 잠을 잤더니 48시간 동안 자지 않고 밤을 새웠을 때처럼 인지 기능이 떨어졌다는 결과도 있다.

말하자면 지속적으로 수면 시간이 6시간 이하인 사람은 이미 집중력이 떨어진 상태일 가능성이 높다는 뜻이다.

"전 매일 6시간만 자도 일하는 데 문제없어요."

이렇게 말하는 사람도 있을 것이다. 하지만 앞서 설명했듯이 잠이 부족한 사람일수록 자기통찰력이 낮아져 스스로가 충분히 자고 있다고 착각하기 쉽다. 스스로 느끼는 충분한 수면 시간이란 전혀 믿을 만한 근거가 못 된다.

당신이 평소처럼 일할 수 있다고 느끼는 지금의 상태가 사실은 이미 인지 기능이 저하된 상태, 집중력이 떨어진 상태일 가능성이 높다.

수면 시간이 부족하면 워킹메모리의 기능이 떨어지기 때문에 정보 처리 능력이 현저하게 낮아진다. 즉, 업무 능력이 큰 폭으로 떨어져 일의 질과 속도가 낮아진다는 것이다.

× 실수가 많다.
× 주의가 산만하다.

× 일에 집중이 잘 안 된다.

× 일의 능률이 떨어진다.

수면 시간이 6시간 이하인 사람이 위와 같은 증상을 느낀다면, 이는 수면 부족이 원인일 가능성이 매우 높다.

● 1시간 더 자면 야근이 줄어든다

내가 권장하는 수면 시간은 7시간이다. 성인의 평균 수면 시간은 7시간 30분 정도이지만 바쁜 직장인에게 7시간 반을 자라고 권해도 지키기 어렵기 때문에 우선은 7시간을 목표로 하자고 조언한다. 그럼에도 대부분은 부정적으로 대답한다.

"잠이 부족하면 일의 능률이 떨어지고 스트레스가 쌓이는 데다 건강도 해치므로 7시간 이상 자야 합니다."

"일이 바빠서 그럴 수가 없어요."

하지만 따져보면 잠자는 시간과 일하는 시간은 반비례한다. 잠이 부족하면 뇌의 활동력이 떨어지기 때문에 8시간이면 끝날 일을 10시간 동안 하고 있는지도 모른다. 그래도 여전히 많은 사람이 "그럴 리가 없다"고 반박한다.

그렇다면 실험을 해보자. 1주일만이라도 좋으니 수면 시간을 1시간씩 늘려보자. 가바사와 학원에서도 수면 시간을 1시간 늘리는 실험을 했다. 그 결과 놀랍게도 참가자 대부분이 아래와 같은 효과를 보았다.

- ○ 일의 효율이 높아져서 야근 시간이 줄었다.
- ○ 일할 때 실수가 줄었다.
- ○ 일의 질이 향상됐다.
- ○ 나른함이 사라지고 컨디션이 좋아졌다.

수면 시간을 1시간 늘리면 주의력, 집중력이 올라가고 업무 능률이 향상돼 야근이 줄어들고 퇴근 시간이 빨라진다.

결국 수면 시간을 1시간 늘리면 1시간보다 더 많은 시간이 생긴다. 거짓말처럼 느껴진다면 꼭 실제로 실험해보길 바란다. 수면 시간이 6시간 이하인 사람에게는 확실히 효과가 나타날 것이다.

스탠퍼드대학교에서 남자 농구부 선수를 대상으로 흥미로운 연구를 했다. 10명의 선수에게 40일간 매일 10시간 동안 잠을 자게 한 뒤 낮 동안 운동 능력의 변화를 관찰했다. 매일 80미터 달리기 기록과 자유투 성공률 등을 측정해 기록했다. 스탠퍼드 대학교 농구부에는 프로만큼이나 실력이 뛰어난 선수들이 많았다. 그래서 수면 시간을 늘리는 것만으로는 눈에 띄는 효과를 얻을 수 없으리라 예상했다.

그러나 놀랍게도 2주, 3주, 4주 시간이 지남에 따라 모든 선수의 능력이 개선되었다. 최종적으로는 80미터 달리기 기록이 0.7초 단축되었고 자유투는 0.9개, 3점슛은 1.4개(10개 중) 많이 들어갔다.

또한 반응시간(집중력)을 알아보는 검사에서도 선수들의 상태나 움직임이 좋아졌음이 드러났다. 운동 능력이 개선되고 실력이 향상된 것이다. 정리하면 수면 시간만 늘려도 집중력이 올라가고 운동 능력이 향상된다는 믿기 힘든 결과가 나온 것이다.

수면 시간을 늘리면 뇌의 활동력이 월등히 좋아진다. 충분한 수면은 이외에도 우울증을 개선시키고, 심장, 치아, 시력 등 몸과 마음의 건강에 전반적으로 영향을 미치므로 반드시 지켜야 할 건강법이다.

일이 바빠서 잠자리에 드는 시간이 늦다면 시간 관리를 통해 수면 시간을 조절할 수 있다. 하지만 매일 밤 10시에 이불 속으로 들어가는데도 잠이 오지 않아 채 6시간도 자지 못하는 사람도 있다. 즉, 불면증이나 수면장애를 앓고 있는 사람이다. 이들은 7시간을 자야 한다는 것 자체를 스트레스로 느끼기도 한다.

불면증, 수면장애를 치료하기 위해 처음 떠오르는 방법은 아마도 수면제일 것이다. 많은 사람이 수면제를 먹으면 수면장애가 나아진다고 생각하지만 이는 명백하게 잘못된 생각이다.

수면제를 먹어도 수면장애는 개선되지 않는다. 수면장애에는 반드시 원인이 있으며, 그 원인이 제거되지 않는 한 수면장애는 낫지 않는다. 수면제는 어디까지나 임시방편에 해당하는 대증요법일 뿐이다. 수면장애를 근본적으로 치료하려면 수면장애의 원인을 제거해야 한다.

혈압이 높으면 혈압을 내리는 약을 먹는다. 그러면 약효가 미치는 동안에는 혈압이 내려가지만 약효가 떨어지면 혈압은 다시 올라간다. 수면제도 이와 마찬가지다.

덧붙여 수면제를 먹으면 수명이 줄어든다는 연구 결과도 있다. 미국 펜실베이니아주에서 수면제를 처방받은 환자 1만여 명을 대상으로 2년 반 동안 추적 조사를 한 결과 수면제 복용자의 사망률은 비복용자에 비해 3.5~4.6배 높았다. 이와 함께 수면제 복용에 따른 암 발생 위험률은 35%나 증가했다. 이 같은 사실에서 알 수 있듯 수면제를 장기적으로 복용하면 건강에 좋지 않다.

따라서 불면증에 시달리는 사람이 먼저 해야 할 일은 수면제 복용이 아니라 잠이 오지 않는 원인을 찾고 이에 대한 대책을 세우는 일이다.

수면장애의 원인은 무엇일까? 이는 앞서 소개한 '휴식의 황금 시간을 보내는 법'(271쪽 참고)에서 하면 안 되는 일 모두가 해당한다. 잠자기 전 2시간 동안의 음주, 식사, 스마트폰, 게임, TV 시청 등의 행위가 수면장애의 원인으로 작용한다.

나는 지금까지 셀 수 없을 만큼 많은 수면장애 환자들을 진찰해왔다. 대부분의 수면장애 환자가 잠들기 전에 하면 안 되는 일 중 여러 항목을 하고 있었다. 그러므로 생활습관을 올바르게 개선하면 수면제를 사용하지 않고도 수면장애를 고칠 수 있다.

수면장애의 원인 중 가장 흔한 것이 음주다. 거의 매일 술을 마시는 사람 중 잠이 잘 오지 않아서 고민하는 사람은 대개 음주가 수면장애의 원인이다. 이 경우 술을 끊지 않는 한 수면장애는 낫지 않는다.

잠을 충분히 자지 않으면 틀림없이 병에 걸린다. 잠이 들었을 때 이루어지는 피로 해소, 면역 기능 향상, 암세포 제거, 세포의 복원이 제대로 진행되지 않기 때문이다. 잠을 잘 못 잔다면 몸과 마음에 노란색 신호가 울리는 상태다. 잠은 생명과 직접 연관되므로 좀 더 강하게 말하면 빨간색 신호라고도 할 수 있다. 그러니 수면장애 역시 우리 몸의 경고 증상 중 하나라고 생각해야 한다.

성인 5명 중 1명이 잠이 잘 오지 않고 잠을 푹 자지 못한다고 한다. 수면장애에 시달리고 있다면 먼저 잠자기 전 2시간 동안의 생활습관을 되돌아보자. 하면 안 되는 일을 그만두고, 하면 좋은 일을 실천해보자. 잠에 좋은 생활습관을 몸에 익히면 수면장애는 반드시 나아진다.

4장
액션 플랜

✓ 실수하지 않으려면 공간의 정리정돈보다 감정과 스트레스 정리가 더 중요하다.

✓ 뇌는 아무것도 하지 않는 시간에 사고와 감정을 정리한다.

✓ 단기적인 스트레스는 필요악이지만 장기적인 스트레스는 실수의 4대 원인의 근원이므로 정리해야 한다.

✓ 취침 전 2시간 동안 편안한 마음으로 올바른 휴식을 취하면 피로가 풀리고 잠을 푹 잘 수 있다.

✓ 뇌를 가장 좋은 상태로 만들어주는 수면 시간은 7시간에서 7시간 반이다.

에필로그

실수하지 않고 효율적으로 일하는 법에 관한 책은 기존에도 많이 출판되었다. 하지만 수면 시간을 늘리자거나 뇌 피로를 해소하자는 등의 과학적 근거에 기반을 둔 실천법을 상세하게 설명한 책은 드물다.

비효율적으로 일을 하는 근본적인 원인에는 주의력, 집중력장애가 깔려 있다. 이 부분을 개선해야 일을 효율적으로 잘할 수 있다. 아무리 투두리스트를 열심히 쓰고 책상 위를 깨끗하게 정리해도 여전히 허둥지둥 시간에 쫓기며 일을 하는 이유는, 수면 시간이 부족하고 피로가 쌓여 있어 뇌가 정상적인 기능을 할 수 없는 상태이기 때문이다.

이제까지 실수를 차단함으로써 뇌의 능력을 끌어올리는 다양한 실천법을 소개했다. 비슷한 주제를 다루었던 기존의 책과 차별화되는 혁신적이고 획기적인 방법들이라고 자부한다.

이제부터는 여러분의 몫이다. 일 잘하는 사람의 뇌습관을 하나하나 실천해 몸에 익히길 바란다. 다만, 책 속에 매우 많은 뇌습관이 들어 있고 내용도 방대해서 먼저 어떤 방법부터 시작하면 좋을지 몰라 당황하는 사람이 있을지도 모르겠다.

그래서 마지막으로 책 내용을 2가지 표로 정리했다.

첫 번째 표 '실수를 자주 하는 사람과 일을 잘하는 사람의 습관'에서는 두 유형의 생활습관과 행동 양식을 비교해 정리했다. 체크리스트처럼 활용하길 바란다. 실수를 자주 하는 사람의 습관을 하나씩 개선해 나가면 일을 잘하는 사람이 될 수 있다.

두 번째 '일 잘하는 사람의 뇌습관'은 10가지 뇌습관이 실수의 4대 원인 중 어떤 원인에 효과적인지를 일람표로 만든 것이다. 하나의 습관이 한 가지 원인에만 효과적이지 않고 두루 영향을 미친다는 것을 알 수 있다. 그럼에도 효과적인 부분이 따로 있는 만큼 이를 잘 이해하면 도움이 될 것이다.

| 실수를 자주 하는 사람과 일을 잘하는 사람의 습관 |

	실수를 자주 하는 사람	일을 잘하는 사람
업무 태도	× 마지못해 일한다. × 허둥대며 일한다.	○ 기분 좋게 일한다. ○ 차분하게 정해놓은 순서에 맞춰 일한다.
야근	× 야근이 많다.	○ 야근이 적다.
집중력	× 집중력이 낮다.	○ 집중력이 높다.
실패 대처법	× 실패를 방치한다.	○ 실패로부터 반드시 배울 점을 찾는다.
책상 정리	× 책상 위가 어지럽다.	○ 책상 위가 깔끔하다.
투두리스트	× 투두리스트를 쓰지 않는다.	○ 투두리스트를 쓰는 습관이 있다.
메모	× 메모하지 않는다.	○ 꼼꼼히 메모한다.
스마트폰	× 스마트폰을 보는 시간이 길다.	○ 스마트폰을 단시간에 효율적으로 사용한다.
TV	× TV를 보는 시간이 길다.	○ 필요한 TV 프로그램만 본다.
공부	× 공부를 싫어하고 자진해서 공부하지 않는다. × 배우는 데 지나치게 욕심을 부린다.	○ 어른의 공부를 하고 있다. ○ 배우는 데 욕심 부리지 않는다.

	실수를 자주 하는 사람	일을 잘하는 사람
운동	× 운동을 하지 않는다.	○ 정기적으로 운동한다.
자기통찰력	× 자기통찰력이 낮다.	○ 자기통찰력이 높다.
피로도	× 피로가 쌓여도 해소하지 못한다.	○ 그날의 피로를 다음 날까지 가져가지 않는다.
스트레스	× 스트레스가 많다.	○ 스트레스가 적다.
활동 시간	× 야간형	○ 아침형
휴식	× 일정을 빡빡하게 짜고 계속 움직이기를 좋아한다.	○ 휴식 시간을 반드시 넣는다.
수면	× 수면 부족에 시달린다.	○ 7시간 이상 자며 수면의 질이 좋다.

| 일 잘하는 사람의 뇌습관 |

	집중력 트레이닝	워킹메모리 트레이닝	뇌 피로 · 스트레스 정리	뇌 노화 방지
수면	★★★	★★★	★★★	★★★
유산소운동	★★★	★★★	★★★	★★★
자연 속에서 활동	★	★★★	★★★	★★★
듀얼태스킹 (운동+뇌 훈련)	★★	★★	★★	★★★
독서	★★★	★★★	★★★	★★
어른의 공부	★★	★★★	–	★★★
보드게임 (체스, 장기, 바둑)	★★★	★★★	★	★★
요리	–	★★★	★	★★★
마인드풀니스	★★★	★★	★★★	★
커뮤니케이션 (부부, 가족 간의 대화)	–	–	★★★	★★

★★★ 매우 효과 높음 ★★ 효과 높음 ★ 어느 정도 효과 있음 – 학술적인 근거 부족

이 책에서 소개하는 일 잘하는 사람의 뇌습관을 실천하면 높은 집중력을 얻을 수 있고 머리 회전 속도도 빨라진다. 업무도 척척 해내고 효율적으로 일하면서도 스트레스가 쌓이지 않는다. 따라서 정신질환이나 신체질환에 걸리지 않고 건강을 유지하면서 최상의 컨디션으로 활약할 수 있다.

높은 업무 능력을 갖추면서도 몸과 마음의 건강을 유지하는 것. 이것이 바로 정신건강의학과 의사인 내가 이 책을 쓴 진짜 이유다.

실수를 줄여줄 뿐 아니라 몸과 마음을 최상의 상태로 만들어주고 높은 업무 능력을 갖추도록 도와주는 훌륭한 뇌습관을 오늘부터 하나씩 꼭 실천해보길 바란다.

정신건강의학과 의사
가바사와 시온

참고문헌

번역서

《나는 한 번 읽은 책은 절대 잊어버리지 않는다》, 가바사와 시온, 은영미 옮김, 나라원, 2016.

《넘치는 뇌》, 토르켈 클링베르그, 한태경 옮김, 윌컴퍼니, 2012.

《당신의 뇌는 최적화를 원한다》, 가바사와 시온, 오시연 옮김, 쌤앤파커스, 2018.

《성공하는 사람들의 7가지 습관》, 스티븐 코비, 김경섭 옮김, 김영사, 2017.

《소확공: 소소하지만 확실한 공부법》, 가바사와 시온, 정지영 옮김, 매일경제신문사, 2018.

《스마트 슬리핑》, 숀 스티븐슨, 최명희 옮김, 위즈덤, 2017.

《스탠퍼드식 최고의 수면법》, 니시노 세이지, 조해선 옮김, 북라이프, 2017.

《스트레스의 힘》, 켈리 맥고니걸, 신예경 옮김, 21세기북스, 2015.

《운동화 신은 뇌》, 존 레이티·에릭 헤이거먼, 이상헌 옮김, 녹색지팡이, 2009.

《외우지 않는 기억술》, 가바사와 시온, 박성민 옮김, 라의눈, 2017.

《자기 전 15분, 미니멀 시간 사용법》, 이치카와 마코토, 임영신 옮김, 매일경제신문사, 2017.

《파워풀 워킹 메모리》, 트레이시 앨러웨이·로스 앨러웨이, 이충호 옮김, 문학동네, 2014.

《행복의 과학》, 데이비드 해밀턴, 임효진 옮김, 인카운터, 2012.

외서

《もの忘れの脳科学-最新の認知心理学が解き明かす記憶のふしぎ》, 苧阪満里子, 講談社, 2014.

《「テンパらない」技術》, 西多昌規, PHP研究所, 2012.

《その「もの忘れ」はスマホ認知症だった》, 奥村歩, 青春出版社, 2017.

《やってはいけない脳の習慣》, 横田晋務, 川島隆太 監修, 青春出版社, 2016.

《神·時間術》, 樺沢紫苑, 大和書房, 2017.

《精神科医が教えるぐっすり眠れる12の法則-日本で一番わかりやすい睡眠マニュアル》, 樺沢紫苑, シオン出版局, 2013.

옮긴이 이정미

성균관대학교 신문방송학과 졸업 후 케이블 방송국 편성 PD로 근무하다 글 쓰는 삶이 좋아 퇴사한 뒤, 도서 기획 및 번역을 하고 있다. 제22회 한국번역가협회 신인번역장려상을 수상했으며, 현재 바른번역 소속 전문번역가로 활동 중이다.

야근은 하기 싫은데
일은 잘하고 싶다

펴낸날 초판 1쇄 2018년 9월 20일

지은이 가바사와 시온
옮긴이 이정미

펴낸이 임호준
본부장 김소중
책임 편집 김현아 | **편집 4팀** 최재진 이한결
디자인 왕윤경 김효숙 정윤경 | **마케팅** 정영주 길보민 김혜민
경영지원 나은혜 박석호 | **IT 운영팀** 표형원 이용직 김준홍 권지선

인쇄 (주)웰컴피앤피

펴낸곳 북클라우드 | **발행처** (주)헬스조선 | **출판등록** 제2-4324호 2006년 1월 12일
주소 서울특별시 중구 세종대로 21길 30 | **전화** (02) 724-7635 | **팩스** (02) 722-9339
포스트 post.naver.com/bookcloud_official | **블로그** blog.naver.com/bookcloud_official

ISBN 979-11-5846-255-0 13320

• 이 도서의 국립중앙도서관 출판예정도서목록(CIP)은 서지정보유통지원시스템 홈페이지(http://seoji.nl.go.kr)와
  국가자료공동목록시스템(http://www.nl.go.kr/kolisnet)에서 이용하실 수 있습니다. (CIP제어번호: CIP2018026728)
• 북클라우드는 독자 여러분의 책에 대한 아이디어와 원고 투고를 기다리고 있습니다.
  책 출간을 원하시는 분은 이메일 vbook@chosun.com으로 간단한 개요와 취지, 연락처 등을 보내주세요.

북클라우드 는 건강한 몸과 아름다운 삶을 생각하는 (주)헬스조선의 출판 브랜드입니다.